"十四五"职业教育国家规划教材　　i 教育·融合创新一体化教材

就业设计

第三版

（微课版）

主　编◎刘德恩
参　编◎郑海琳　周　玲

华东师范大学出版社
·上海·

图书在版编目(CIP)数据

就业设计/刘德恩主编. —3 版. —上海:华东师范大学
出版社,2019

ISBN 978 - 7 - 5675 - 5104 - 6

Ⅰ.①就… Ⅱ.①刘… Ⅲ.①职业选择－职业教育－
教材 Ⅳ.①G717.38

中国版本图书馆 CIP 数据核字(2019)第 289831 号

就业设计(第三版)

主 编 刘德恩
责任编辑 罗 彦
责任校对 王丽平 时东明
插 画 王延强
装帧设计 庄玉侠

出版发行 华东师范大学出版社
社 址 上海市中山北路 3663 号 邮编 200062
网 址 www.ecnupress.com.cn
电 话 021 - 60821666 行政传真 021 - 62572105
客服电话 021 - 62865537 门市(邮购)电话 021 - 62869887
地 址 上海市中山北路 3663 号华东师范大学校内先锋路口
网 店 http://hdsdcbs.tmall.com

印 刷 者 常熟市文化印刷有限公司
开 本 787 毫米×1092 毫米 1/16
印 张 9.75
字 数 161 千字
版 次 2022 年 1 月第 3 版
印 次 2024 年 2 月第 5 次
书 号 ISBN 978 - 7 - 5675 - 5104 - 6
定 价 32.00 元

出版人 王 焰

前　言

探求更好的活法

年轻的朋友,你现在过得怎么样?

有这样一位同学,她在中学时是个好学生,考上大学后,她仍然像中学那样生活:每天早早起床,上课认真听课、记笔记。如果有作业,她就会利用没课的时间和晚上做作业。但是她读的是文科,没什么作业,就只能待在宿舍里,无事可做。她看到其他同学有的参加社团活动,有的到图书馆看书,有的参与专业探索项目,有的去打工,还有的开始谈恋爱……她开始思考:自己究竟该干什么呢?

另一位同学在中学时非常努力,考上大学后什么也不想做,就想放松一下,好好玩玩。他上课不认真听讲,甚至逃课,课后作业也是随便应付。到了期末考试,他有好几门课不及格,这时才发现自己太放纵了。于是,他想把之前落下的课程补上,但实在太难了。虽然自己努力了,但旧课还没补好,又有新的课不及格。这样几年下来,忙忙碌碌,也没获得好成绩,似乎比高中过得还糟糕。

哲学家冯友兰先生认为,人生的境界由低到高有四种。①自然境界:没有目的,像动物或婴儿一样,仅仅凭着本能或习惯而生活。②功利境界:有了一定的生活目的,即追求个人私利,但这种目的往往是眼前的、局部的,比如学习就是为了通过考试,工作就是为了赚钱。③道德境界:生活不仅是为了个人私利,更是为了他人与社会,追求更博大、更高远的公共利益,即公义。比如思想家王阳明自幼就立志成为圣人,周恩来为中华崛起而读书。④天地境界:不仅为了社会与现世,也为了整个宇宙与永恒,孔子、老子这样的圣人就活出了这样的境界。①

不同的人生境界,影响范围有大有小,所需的知识有多有少,可持续的时间也不同。人生境界高的人才能眼界开阔、情怀高尚、积极进取,实现更大的人生价值。一个人有了目标之后,就会产生内在的动力,推动他去行动,取得成功。目标的这

---

① 冯友兰.冯友兰追问人生[M].北京:新世界出版社,2012:69—70.

种推动作用就是目标效应。然而，明确生活目标并不简单，需要经过一个不断探索的过程。很多人的人生境界并不是一开始就很高的，也有一个不断提升的过程，即可以通过学习、历练、反思而提升。但是一旦明确了目标，生活就有方向了，行动就有动力了，生活会变得充实而精彩。

党的二十大的召开，开启了科教兴国的新时代。新时代的青年要着眼未来，适应新一轮科技革命和产业变革，立志为我国产业升级和制造强国建设贡献力量。为此，青年学生不仅要学好功课，更要关心科技发展和产业实践，通过产学研相结合的方式积极进取、直面难题、刻苦锻炼，并充分发挥创新精神，实现事业的高质量发展。

你现在拿到的这本书，希望能在以下几个方面帮助你：①发现生活目标，从而让生活更有意义。②改善学习、生活与交往的方法，让你的行动更有效。③通过对自己和环境的积极探索，在提升自我的同时，积极地适应和改善环境，从而在自我与环境之间，实现积极、持续的互动。

本书的主要内容包括认识自我、探索职业、做规划、求职与创业。每节内容均采用"问题—案例—概念与方法—行动"的结构模式。问题（课前思考）：为了让你带着问题积极地思考与尝试。案例（活动体验）：一方面可以丰富你的实际经验，另一方面也有助于你结合实际来理解核心概念与方法。概念与方法（生涯智慧）：从理性上指导你理解和把握职业生涯。行动（行动项目）：引导你把所学用于实际，把你的想法与学到的方法落到实处，切实提升你的能力，改善你的生涯状况。

衷心希望你能联系自己的实际来阅读和思考，并用心倾听其他同学的心声，努力参与每项活动，最终成功走进职场，成为有实力的员工。

本书已修订至第三版。在吸收了广大读者的反馈意见之后，这一版修订的主要内容如下：①把原来的故事改成了最新的实际案例，这些案例全部来自作者的研究与咨询实践。②在最前面新增一章，以便确定同学们生涯规划的具体问题与任务。③不再出版纸质版的教师手册，而是提供电子版。④增加微课视频资源。

这一版的修订由我、郑海琳、周玲共同完成。企业界的郑海琳、周玲参与了与职场发展策划相关内容的编写和视频录制。读了本书之后，如有问题、意见、建议，或是需要帮助的，请直接向我本人提出，电子邮箱为 deenliu@126.com。

刘德恩

于华东师范大学

目 录

第一章　现在，积极面对你的事业 ·1·

第一节　发现问题是成长的第一台阶 ·3·

第二节　从平淡中创造意义 ·8·

第三节　学会解决问题 ·13·

第四节　积极面对生涯课题 ·18·

第二章　发掘自我的宝藏 ·25·

第一节　做自我决定的主人 ·27·

第二节　开动你兴趣的发动机 ·33·

第三节　盘点你的能力 ·42·

第四节　澄清你的价值追求 ·50·

第三章　谋划生涯发展路径 ·57·

第一节　读懂职业地图 ·59·

第二节　谋划你的发展道路 ·68·

第三节　打造你的就业能力 ·76·

第四章　坦然从学校走到职场 ·83·

第一节　认真做求职计划 ·85·

第二节　精心设计简历　　　　　　　　　　　　　· 90 ·

第三节　拓宽求职渠道　　　　　　　　　　　　　· 95 ·

第四节　从容面试　　　　　　　　　　　　　　　· 100 ·

第五节　在实习中快速成长　　　　　　　　　　　· 105 ·

第五章　创业设计：成长为创业型人才　　　　· 109 ·

第一节　在变革的时代发展创业精神　　　　　　　· 111 ·

第二节　从创新到创业：积聚创业条件　　　　　　· 119 ·

第三节　制定创业方案　　　　　　　　　　　　　· 129 ·

主要参考资源　　　　　　　　　　　　　　　　· 134 ·

附　录　创业计划书　　　　　　　　　　　　　· i ·

第一章
现在，积极面对你的事业

章首案例

小都的迷茫

小都中学时期挺努力的，一心想着考进一所重点高校，但结果考进了一所普通的职业院校。他对自己的专业很陌生，不知道这个专业毕业后可以做什么。老师的上课方式与中学很不一样：讲得很快，而且不按教材讲，自己听着听着，就跟不上了。小都感觉自己什么都不懂，学得很吃力。虽然老师鼓励同学们有不懂的地方就提问，但小都不懂的地方太多了，不知道从何问起。

面对这样的困惑，有的同学放弃了努力，作业随便应付，考试只求及格，转而去玩游戏、逛街、交友或打工，还有个别同学则选择回母校复读了。

小都很困惑：①自己该怎样对待专业学习生活呢？是随波逐流，还是追寻更好的学习生活？②理想的专业学习生活是什么样的呢？③有什么途径与方法让自己走向更好的学习生活？

请思考：

面对这样的困惑，你会怎么做呢？

第一节
发现问题是成长的第一台阶

课前思考

你现在的生活过得怎么样？有没有不满意的地方？可以怎样改善？

学习目标

评估自己的生活现状，确定成长的新起点。

活动体验

普遍的课题：谁的青春不迷茫

据对 653 所学校、近 8 万大学生的调查显示[①]，在各类大学中，有 95.7% 的学生感到迷茫与困惑，而且所处地区越偏远、学校层次越低，迷茫的程度就越大。由此看出，青年的迷茫是很普遍的现象，上文提到的小都，只是千百万青年中的典型案例。

1. 请思考并和同学讨论以下问题：

(1) 我们该如何面对这种状况？

_____

_____

(2) 既然大家都这样，就可以心安理得吗？有那么多人处于迷茫状态，是什么原因造成的？

_____

_____

---

① 腾讯教育.《中国大学生成长白皮书》：95.7%大学生存在迷茫和困惑［EB/OL］. (2017－03－10)［2021－10－15］. https://edu.qq.com/a/20170310/045059.htm.

（3）有什么行之有效的方法使我们走出迷茫？

2. **任务：从学校到职场**——找到尽可能多的方法，把一位队友从学校角移动到职场角。步骤如下：

（1）分组：全班分成2—5个小组（人数越多，小组数就越多。如果超过50人，则可抽取一部分人参与小组活动；如果少于5人，则可以1人作为一个组）。

（2）准备场地：选择宽敞的场地，把其中最远的两端分别作为学校角和职场角。

（3）小组讨论：组内畅所欲言（别让其他组听到），说出究竟有多少种方法能把队友从学校角移动到职场角，并把所有的方法记录下来，以便后面使用。

（4）每组按顺序（抽签决定顺序），用自己的方法把选定的队友从学校角移动到职场角。但凡是用过的方法，都不能再用。如此循环下去，直到每组的方法都用完为止。

（5）讨论：大家一共发现了多少种移动方法？以前曾经想到过这些方法吗？今天为什么想出来了？

 生涯智慧

问题意识是解困与成长的首要能力

一、什么是问题意识

一个人如果明确了正常或良好状态的标准，一旦发现异常或恶化，就可以及早调整并优化自己的行为，如居安思危、防患于未然等。这种心理规律称为免疫效应，也叫心理免疫效应。

遗憾的是，在过去的求学生涯中，大家的主要精力大都用于回答和解决问题，问题的提出者往往是老师、课本或考卷。换句话说，同学们大都是在被动地回应已有的老问题，甚至是共同性的问题，而不是主动地发现、提出和解决独特的新问题，即问题意识不强。

很多人会害怕和回避问题，以为有问题就是不好，就是危险。实际上在快速变化的 21 世纪，对待问题的这种态度显得过于保守和消极，不利于改善现实和个人成长。实际上，更多的情况下，问题往往具有积极意义。比如，你解决的学习问题越多，你的成绩就越好，学习能力就越强；你体育训练的难度越大，你的身体就越好，体能就越强；在专业学习生活中，你的目标越高、挑战越大，获得的专业成长也就越多。

所谓问题意识，就是对过去与现状具有居安思危的敏感性、好奇心和责任感，是洞察现实、提出问题、解决问题的基本动力。比如，科学家在科学领域有很强的问题意识，医生对病人有很强的问题意识；同样，一个认真生活的人，对自己的生活也有较强的问题意识。

二、如何培养问题意识

首先要有积极的心态，不要害怕问题、回避问题，而要对问题持积极、乐观、建设性的态度，甚至欢迎新问题。因为问题可能正好是突破现状、获得成长的机会。其次，要善于深入、细致地观察，并尝试以求异的眼光，通过纵向、横向的比较，理想与实际的对照，发现不同或异常，最终确定问题。再次，在发现问题之后，还可以进一步地追踪、分析并尝试解决问题，以便掌控问题，提升驾驭问题的能力与实效。最后，还可以通过阅读与交流来寻找和积累发现问题、解决问题的方法与经验。

 行动项目

评估现在的生活状态

行动任务

评估自己一周的生活状态。

行动步骤

（1）列出自己一周内所有的活动事项（以天为单位）；

（2）把这些事项归类：学习（X）、娱乐（Y）、生理必需（S）、人际交往（R）、体育（T）、工作（G）、空白（K，什么都没做）；

（3）合计每类事项所花的时间（分钟）；

（4）评估每类活动的质量（评估维度见表1-1）；

（5）分类汇总与分析（见表1-2）；

（6）与伙伴交流、讨论结果。

表1-1　一周生活事项记录与评估表

日期	生活事项：1,2,…	花费时间	打分：最好=10，最坏=1，其余类推				事项所属类别
			情绪状态	成效	个人提升	社会价值	
第一天							
第二天							
第三天							
第四天							
第五天							
第六天							
第七天							

表 1-2　一周生活事项统计表①

生活事项类别	花费时间	总体评价：最好＝10，最坏＝1，其余类推			
		情绪状态	成效	个人提升	社会价值
X：学习					
Y：娱乐					
S：生理必需					
R：人际交往					
T：体育					
G：工作					
K：空白					

通过以上分析，你有没有发现哪些生活事项是你特别满意的？那可能就是值得你继续保持的地方。还有哪些事项是你不满意的？那可能就是需要你完善的地方，可以转化为你下一步努力的目标。

---

① 　Joel M Hektner，Jennifer A Schmidt，Mihaly Csikszentmihalyi. Experience Sampling Method［M］. London：Sage Publications，2007：294—298.

第二节
从平淡中创造意义

课前思考

如何克服无聊或平淡？尤其是当你处于困境或停步不前的时候。

学习目标

结合自己的实际生活，明确可以在哪方面创造意义。

活动体验

寒门照样出贵子

小凡来自贫苦之家，正是因为贫苦，父母本来是不同意他继续升学的。但在经过小凡的再三恳求，并答应自己解决学费和生活费后，父母也就勉强同意他来到某职业院校读书。他读的专业是（纺织）机械设计与制造。虽然他已经感觉到专业学习有困难，但还是得自己想办法去挣学费和生活费。为此，他在工作日必须努力学习功课，而周末则去打工赚生活费。

第一个学期的学费是小凡暑假在饭店打工挣来的，而现在为了兼顾专业学习，他必须再找一份兼职工作。经过一再寻找和尝试，最终找到一家机械厂，从最简单的粗活干起——清洗机器零件。别的同学平时学累了，周末可以休息；而小凡周末却要早早起床去上班，晚上很晚才回到学校。一开始他感到很累，但还是咬牙坚持下来了。

小凡就这样坚持了三年，不仅学业成绩名列前茅，工作技能也从勤杂工变成了技术能手，而且那家工厂邀请他留下来担任助理工程师。

请思考并和同学讨论以下问题：

(1) 小凡为什么可以获得学业与工作的双优？

_____

_____

(2) 为什么那些条件比他好的同学却不如他优秀？

_____

_____

(3) 你自己可以在哪些方面突破一下？

_____

_____

_____

 生涯智慧

生活的意义在于超越平淡

现实中，有许多人觉得生活平淡、自己平庸，甚至为此而感到痛苦。法国文学家、哲学家加缪指出，人们在生活中难免会遇到无奈和痛苦，但是即使在痛苦中，也可以创造快乐：在接受这种痛苦的同时，也在藐视它，并从中获得快乐和对自我的超越。[①]

奥地利著名心理学家阿德勒认为，可以通过完成三种使命来获得生活的意义：①专业工作，让自己的生命得以存活下去。②参与社会，与他人和社会合作、分享，获得社会价值。③爱情与婚姻，使生命超越个人，而得以延续下去。[②]

奥地利另一著名心理学家弗兰克尔认为，很多人以为好的生活就是快乐（或幸

---

① 加缪.西西弗的神话：论荒谬[M].杜小珍，译.北京：生活·读书·新知三联书店，1987：158.
② 阿德勒.让生命超越平凡[M].李心明，译.北京：西苑出版社，2003：2—4.

福），但实际上生活的快乐未必真的有意义（如长时间玩游戏等）[1]，只有获得内在的价值感，才会有意义。无意义感容易导致三种结果：痛苦、内疚、死亡。[2] 而获得意义的基本途径则是：①工作或事业；②关爱他人与社会；③忍受并胜过困难乃至苦难。[3]

纳粹集中营的折磨，不仅没能剥夺弗兰克尔的生命与意志，反而使他更加坚定地创立了世界闻名的意义疗法；膝盖的伤痛没能摧垮费登奎斯，反而让他通过各种探索与尝试，创立了身心整合教育法；躁郁症没能打败伍尔夫，反而给了她机会，得以结合自己的生活与感受，创作自成流派的文学作品。周弘先生把全聋的女儿周婷婷培养成留美博士，并创立了赏识教育学说。聋哑没能阻挡孩子们学习舞蹈，并且经过勤学苦练，这些孩子最终成为"千手观音"的舞蹈演员。她们的导演张继钢得出的结论是："限制（困难）是天才的磨刀石"。[4] 飞行员的训练就更加严酷了，但只有这样，才能培养出高水平的飞行员。本书作者也有类似的经历：大学时期是业余运动员，虽然主攻的项目是1万米长跑，但在平时训练时，每次却要跑2.5万米，而且还要加大难度，如绑沙袋负重跑、冲上山顶、从山上冲下来、在恶劣的天气训练（如闷热天气）。

总之，生活的意义不是本来就在那里的，而是要通过主动探求来创造的。有意义的生活就是怀着目标、使命，投入到行动中去。一方面，这能超越生活的平淡，让生活获得升华；另一方面，能把自己与周围人连接起来，从而获得价值感。[5] 而超越虚无、创造意义的基本途径是：工作、关爱他人、胜过消极事项（如平淡、困难或苦难）。

面对生活中的无聊、困境，有的人虽然想走出无聊，却无可奈何，长期处于痛苦中，找不到出路；有的人以无聊为常态，不想做什么改变；有的人通过玩游戏打发无聊，但游戏打完了，却更加无聊；还有的人试图通过改变走出无聊，如换个环境，增添或变换活动内容，改进活动方法、改善想法；等等。那么，你打算怎么应对平淡与无聊呢？

---

① 维克多·E.弗兰克尔.活出生命的意义[M].吕娜,译.北京：华夏出版社,2018：197.
② 维克多·E.弗兰克尔.活出生命的意义[M].吕娜,译.北京：华夏出版社,2018：173.
③ 维克多·E.弗兰克尔.活出生命的意义[M].吕娜,译.北京：华夏出版社,2018：136.
④ 张继钢.限制是天才的磨刀石[M].北京：生活·读书·新知三联书店,2011.
⑤ L.迪·芬克.创造有意义的学习经历[M].胡美馨,刘颖,译.杭州：浙江大学出版社,2006：5—6.

 **行动项目**

意义感测评

行动任务

完成生涯意义类型量表的测评，并进一步分析：对你而言，你最适合在哪方面创造更多的意义？

行动步骤

（1）完成以下问卷。对于表1-3中的13个陈述，请从对应的A、B、C、D、E五列中，选出一个最适合你的选项，并画上"○"，然后根据计分方法将统计结果填写在表1-4中。

表1-3　生涯意义类型量表[①]

生活情境	我的倾向				
	A	B	C	D	E
1. 解决问题时，我希望能	享受解决问题的过程	对他人有意义	展示我的优势	反映我的独特想法	产生实际效果
2. 我希望我的工作能	发挥天赋与兴趣	造福他人	得以优化和推广	展示我的理想	允许我独立支配
3. 我希望我的工作技能得以	尽情发挥	改善人们的生活	得到认可	不断更新	开创新事业
4. 我的人生追求是	享受生活	社会福利	专业贡献	创意	资产
5. 在团队中我是	乐天派	协调者	专家	革新者	领导
6. 我喜欢的活动是	有乐趣的	能帮助别人的	能发挥、发展专业能力的	自由开放的	目标导向的
7. 生活的意义在于	快乐	社会贡献	专业发展	自我表现	成功
8. 我是	乐观的	热心的	坚韧的	富有想象的	有抱负的
9. 我希望在生涯中	发挥天赋	改善别人	培养能力	应对挑战	领导他人

① Harris-Tuck，A Price，M Robertson. Career Patterns: A Kaleidoscope of Possibilities ［M］. Upper Saddle River: Prentice Hall，2000：63—66.

（续表）

生活情境	我的倾向				
	A	B	C	D	E
10. 工作的意义在于	做我所爱	有归属感	业绩出色	发现新做法	发挥影响力
11. 我爱的工作能	满足兴趣	帮助他人	发挥专长	发挥创意	达成目标
12. 人们常说我	充满热情	有爱心	实干	富有灵感	有使命感
13. 我宁愿自己	有活力	好善乐施	负责任	有创造力	进取

计分方法：请把 A、B、C、D、E 每列画的"○"加起来，看哪一列最多，最多的那一列就是你的生涯意义核心关注点。

表1-4 计分表

选项	A	B	C	D	E
得分(○的总数)					
核心关注点类型	满足兴趣	社会贡献	发展专长	表达创意	独立控制

（2）独立思考：自己最适合在哪方面创造出生活的意义？在这方面可以定下怎样的目标？

_____

_____

_____

（3）与同学互相交流：彼此各有什么特点？各有什么想法？有什么可以相互启发、借鉴的地方？

_____

_____

_____

第三节
学会解决问题

我们常常会遇到难题，那么究竟怎样做才能有效地应对和解决难题呢？

制订一份生活改善计划。

活动体验

小郝的自我成长

小郝来自偏远的山村，小学时随父母到广东打工，辗转多个学校读书。初中时成绩中等，又因外地学生不能读当地的高中，就报考了广州某所中职学校的美术专业。

在学校里，小郝小心翼翼，遵守校纪校规，按要求完成功课，友善对待同学，三年的总体表现属于中上水平。然而，在最后一个学期的专业实习中，小郝却迷茫了。他把自己所学的知识对照工作需要，感觉自己对美术专业只是一知半解，各种工作任务几乎都不会。最后，小郝没有勇气寻求美术设计类的工作，只是在一家手机店做营业员。

在几个月的营业员工作中，他发现自己很腼腆，缺乏主动营销的勇气与热情，工作业绩也不好。他做营业员的感觉还不如在校学习美术专业课程，也不如做美术类的工作好。经过与同学交流，并向老师咨询，他发现美术设计类的岗位需求是很大的，但自己目前的专业知识与能力太贫乏，还不能胜任专业工作，于是报考了高职的美术设计专业。他一边继续做营业员，一边复习迎考。因为认定了未来的目标，虽然很累，但还是热情高涨，最终考取了一所高职院校的美术设计专业。

经过了摸爬滚打，在学校的同届大学生中，小郝是最有想法、最积极的一位。为了尽快提升自己的综合能力和专业素养，他担任班长，劝说同学们积极主动地学习和锻炼，不要浪费时间。他还带领几位同学申请了大学生科创项目，并花费大量精力主持且完成了这一项目。最终他以优异的成绩毕业，同时拿到了专升本的录取通知书。

请思考并和同学讨论以下问题：

(1) 小郝发生了哪些变化？

....

....

(2) 产生这些变化的原因是什么？

....

....

(3) 你可以借鉴他的哪些经验与做法？

....

....

....

生涯智慧

问题解决是一种高级能力

在多元而又快速变化的今天，我们会持续不断地遇到各种各样的新问题，而且不可能像古代社会那样，可以指望寻求固定的标准解法，必须不断地发现新问题，探求新解法，找到新答案。也就是说，当今时代更需要我们具备解决问题的能力，即发现、分析、求解的能力。[①] 如果存在问题，却不能及时发现它，那才是更大的问题。

---

① 佐藤允一.图解问题解决入门[M].詹央如，译.台北：远流出版事业公司，1989：13.

虽然问题与解法千差万别，但是科学家们还是概括出了问题解决的一般模式。

一、什么是问题

问题是目前的实际状况与你想达到的理想状况的差距。[①] 也就是说，要明确问题就需要：清楚了解你目前的状况是怎样的，明确你想要的理想状态又是怎样的，然后才能确定二者的差距。比如，本章第一节的目的是明确你的现状，而第二节则是探究你想要的理想状况，本节则是探索二者的差距。

事实上，由于人们之间的视角不同，判断标准也不一样，导致不同的人对同一状况的判断也不同：有人觉得有问题，也有人觉得没问题；有人觉得问题大，也有人觉得问题小。归纳起来，按照开放、复杂的程度，问题可分为三种类型（见图1-1）：[②]

（1）既成型问题，即原定目标不变，但实际现状没有达成，反而偏离了原定目标，构成了差距，需要面对和解决。这类问题往往是消极的"坏事"。

（2）提高型问题，即目前的状况合乎原定的目标，但是未能适应未来发展或者期望水平提高了，目标需要改变或提高，这样，新的目标与现状就构成了差距，从而构成问题。

（3）全新型问题，即确定理想状态的条件、标准都改变了，因此现状与理想状态的差距也就全然不同。比如，中小学生要面对的主要问题是升学，学习的主要任务是掌握基本的文化知识与技能，判断的标准是完成作业练习和考卷的程度；而职业院校学生面对的主要问题是就业，学习的主要任务是掌握相关工作所需的素养与能力，判断的标准就不只是学业考试，还有实践能力考核及实习表现，而且职场的工作任务往往不像作业或考试题那么明确，而是因时、因地、因人而异，甚至是以前

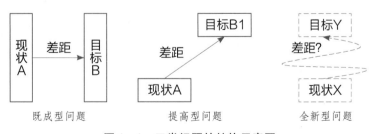

图1-1 三类问题的结构示意图

[①] 罗伯逊.问题解决心理学[M].张奇,等,译.北京：中国轻工业出版社,2004：4.
[②] 佐藤允一.图解问题解决入门[M].詹央如,译.台北：远流出版事业公司,1989：68—88.

未曾遇到过的，因此需要更强的适应力、应变力和创新力。

工作与生活中的很多问题，都属于全新型问题，需要经过系统的考察、分析和有计划的行动，甚至需要发挥创意，寻求新的思路与方法才能解决。如果像回答提问或者做课后练习那样简单处置，就难以取得成效。

二、问题解决的一般模式

虽然我们遇到的问题千差万别，但总可以找到解决方法。早在 1933 年，美国著名教育家杜威就提出了解决复杂问题的一般模式[①]，并得到非常广泛的应用，如学校的项目式学习（PBL）、行业的项目管理、职场的行动学习等。有计划的、系统的问题解决过程一般由 5 个基本环节构成（见图 1-2）。

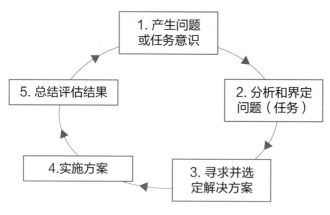

图 1-2   解决问题的一般模式

（1）问题解决的第一个环节是觉察到问题（或任务），主要是留心观察并产生面对和解决问题的动机。

（2）第二个环节是针对问题进行广泛而深入的分析，包括它的背景、表现、影响、成因，最终清晰地界定问题的性质与解决的目标。

（3）第三个环节是开放性探讨解决问题的途径与方法，并从多个可能的方案中选择最合适的一种。

（4）第四个环节是按照预定方案执行，包括调查、行动、记录与分析等。

（5）最后一个环节是在执行解决方案之后，总结、分析、评价解决问题的过程与

---

① Dewey J. How We Think：A Restatement of the Relation of Reflective Thinking to the Educative Process. New York：D. C. Heath and Company，1933：107—116.

结果：如果好，就告一段落，并把经验记录留存或推广出去；如果不好，就需要进行下一轮的问题解决过程，或者做必要的补充与修正。

解决问题的这一模式既可以用于学习与工作，也可以用于日常生活，尤其可用于那些重要而复杂的问题与任务。

 行动项目 ''

挑战性行动策划

行动任务

结合前两节思考与交流的结果，选择一项你正在面临的难题，或者想达成的有难度的任务，按照本节介绍的问题解决思路，做一份行动计划。内容包括：①问题或任务；②最终的目标；③如何拟定行动方案；④如何实施方案；⑤怎样判断最后的结果好不好。

行动步骤

（1）自主完成行动计划方案。

（2）和同学交流分享经验，并进一步完善方案。

 职场链接 ''

在职场中，我们可能会犯错，这时也需要具备问题解决能力。观看微课视频，了解企业管理者是如何看待员工犯错的。

▶ 作为企业管理者，如何看待员工的失误或错误？

第四节
积极面对生涯课题

课前思考　为了规划和管理好自己的生活，究竟该做什么？怎么做？

学习目标

完成一份生涯探索行动方案。

活动体验

经理的成长之路

我出生在西部农村，是独生子，父亲在我出生后不久就到福州打工去了，现在是建筑行业的一个包工头。10 年之后，母亲才带着我去福州。

我的高考成绩超本科线 20 多分，本可以读本科的，但是我想：读差点的本科，还不如读好点的专科，所以就来到东部一所特色专科学校的医电系。一开始挺郁闷的，家里人反对我不念本科，但我觉得没关系，以后可以专升本。不过，后来在我去培训机构听过专升本的课程后，就没有这个欲望了。

在大学期间，我的校内生活是：上课、做作业，像在高中一样。在 5 次考试中，我有 4 次拿了三等奖学金，大一、大二都拿到了，只有大三没拿到，因为那时一直在外面忙。日复一日，大学的学业就这样完成了。

大学里教政治的陈老师对我影响非常大。他说一个人的目标一定要明确，要看得远一些，不能做井底之蛙。这使我下定决心去外面的世界追寻自己真正喜欢的工作。因此，大学的三年间，我一直朝着这个目标努力。

大一上半学期，我去学了 BEC（剑桥商务英语），其中涉及财务、金融、市场管理、营销等方面的知识。我觉得这些知识对我的专业学习有帮助。

大一下半学期，我去培训机构学英语四级，我觉得机构的教育理念非常好。在那里，除了学习英语四级的知识外，我还学到很多做人、做事及明确目标之类的理念与方法。对我影响最大的是，激发了我追求卓越、追求梦想的激情。此外，我还学了会展方面的知识，因为我觉得中国医疗器械的展会比较多。当时对外汉语学院的系主任是我们的会展老师，跟我的关系很好，他建议我把会展的知识结合到医疗器械上，还告诉我怎么去接触会展从业人员。在招聘会上，我只投了简历，还没有面试，就已经被单位录取了。

大二上半学期，我创办了一家培训中介公司，做了将近一年。由于是自己创办的公司，所以比较好控制时间，利用业余时间工作就可以了。在这之前，因为我学过会展，同时受老师的启发，所以结识了很多会展从业人员。

在我的会展朋友里，有一个是上海某大学国际关系专业的研究生，我跟着他一起做会展论坛。这位朋友起初不怎么理睬我，可能因为我是专科生，所以我为他工作时是没有工资的。我和他的团队先是做了一个论坛，但人气不高，做了半年才两千多人。在这个过程中，我感到挺辛苦的，因为没经验，有些细节不明白，所以每次都只能问团队中的其他人。为了提升人气，我到各个高校、培训机构以及线上的相关群做宣传，把论坛的人气提高到了五千多人。

后来我又做了一个项目，和某高校合作的培训项目，一个学员收费 2500 元，5 天的目标是要招 100 个学员，领导给我的指标是 10 个，而我两周不到就招了 16 个。领导说："小龙，现在你的指标是 20 个。"我说："怎么又 20 个了？"他说："你去招吧，反正你还有 4 个就到了。"后来我才知道，其他人最多才招了两个学员，十几个人去招，最后总共才招到 38 个学员。

之后我成为了经理，那时团队成员都很团结，他们可以毫无怨言地加班到凌晨。因为在很多事情上，我都会为他们考虑，如给他们想要的、对他们有帮助的东西。团队中的每个人都能感受到这一点，他们很相信我，我们很团结。也因为这样，在我离开之后，他们一直希望我回去。

大三上半学期，我来到某经济协会工作。有一次，在协会办的论坛上，不知哪个环节没有衔接好，台上空场了。这时，台下有电视台的领导，还有很多报社的记者，我没多想就跳上台去了。虽然在台上的时候，我看上去很镇静，但我的内心是很紧张的。我说了一些关于中国经济与世界经济的问题，主持人表扬了我。在我下了演讲台之后，下面好多人围着问我要名片。我的领导说："我以为你上去只是说谢谢，没想到你还能说这些。"

之后，我还去了某财富论坛，当时一共有 4 个人去，因为我资历浅，而且还没毕业，领导不看重我。那时我的工作主要是招人来开会，参会费是 4000—5800 元。我的做法是在网上收集资料，然后打电话过去，很真诚地去对待。一个月下来，我的业绩是 16 个人，是部门中招人最多的一个。后来，我的一个大客户希望我去他们公司，我问他"为什么选中我了"，他说："因为你不会推卸责任，你愿意寻找解决问题的方法。"

总之，对于大学之外的生活，我感到很骄傲，因为我曾和朋友一起创过业，虽然以失败而告终，但是从中获得了很多经验；去过外企、杂志社、展览公司，而且都做得相对不错。在这个过程中，我跟很多社会上的成功人士有接触，并从他们身上学到了：如何用不同于学生的眼光来看待世界、看待生活。

请思考：

(1) 案例主人公能够脱颖而出的原因有哪些？

_____

_____

_____

(2) 他的哪些做法不同于一般人？

_____

_____

_____

(3) 在他的做法中，哪些是你可以借鉴的？

_____

_____

_____

🎓 **生涯智慧**

如何有效把握自己的生涯

一、什么是生涯

前面我们讨论了一般的生活，现在进一步聚焦其中最重要的部分——生涯。生涯也叫事业，就是学业生活（学涯）与职业生活（职涯）的合称。而作为前一阶段的学业则是后一阶段职业的准备，二者都是为了在某一社会领域，谋取相对稳定的位置，并在此通过劳动付出，提升自己和家人的生活质量与发展资源，同时改善社会福利。

生涯对于我们意味着什么呢？如果你走近高考落榜生、求职无门者或失业者，探问一下他们对学业或职业的感受，就能感受到生涯有多重要。事实上，早在20世纪30年代，学者何清儒就明确指出：职业是人生的主线。[1] 1941年，社会学家尾高邦雄界定了"职业三要素"：①维持自己与家人生活上的物质需要。②参与社会，满足爱和归属感的需要。③通过专业上的学习与工作，发挥潜能，获得个人发展。[2]

遗憾的是，现实生活中却有很多人没能有效地发挥生涯的功能，活出生活的意义，如厌学的同学、工作倦怠的员工、失业者等。其中的主要原因是，心态消极或者方法不当。因此，为了正常地发挥生涯功能，活出生活的意义，就要积极主动地面对它，而不是逃避它或消极地应付它，要寻找、选择并切实地运用适当的方法。

从本节"活动体验"的案例可以看出，案例主人公的经验至少包括：①不盲从或屈从别人，而是积极、主动、负责地选择和探索学业与职业机会。②在不断地学习、探索与反思中，坚定地确立自己的目标——追求卓越。③不满足于熟悉、轻松的安乐窝，而是坚定、勇敢、持续地探索和挑战自己和生涯任务，从而不断地取得优秀的业绩，使自己的能力得到不断提升。④不断观察自己和自己的生活状态，对自己的优缺点和生涯中的机会与挑战有清醒的认识，始终知道下一个成长台阶是什么。

二、生涯规划与管理的方法

生涯辅导事业发展到现在，已经形成了一套可行的生涯规划与管理的方法（见

---

[1]　何清儒. 现代职业[M].北京：新月书店，1932：1—3.

[2]　屈振辉，周红金，刘孝利. 职业与社会[M].上海：上海交通大学出版社，2014：20—21.

图1-3）。其中的基本内容与步骤为：①有生涯发展的意识与动机，愿意探寻生涯发展的问题或目标，是生涯规划与管理的前提。②自我探索，指通过自传分析、心理测验、征询他人、活动尝试等方法，查明自己的核心兴趣、能力优势、价值倾向、性格特点等因素，以便作为生涯决策的参考。③专业与职业探索，通过查询、参观、访谈、实习等方法，了解和体验与自己的想法和个性相关的专业教育或职业工作。以上两方面的探究决定着生涯选择的质量，许多人的生涯选择之所以显得盲目乃至错误，其主要原因就是没能充分考察自己的个性，以及专业与职业世界。④生涯决策与计划，即在汇总分析自我探索、专业与职业探索的基础上，确定自己的生涯发展目标，并从多个可能的行动方案中，选择最合适的一个。⑤生涯行动，一旦确定了目标与行动方案，就要扎实地行动起来，并在行动的过程中随时应对和解决各种困难或问题。其中最常见的问题是拖延、遇到阻碍、放弃，或者改变做法乃至目标。但无论遇到什么问题，都需要发挥主观能动性，尽力解决。

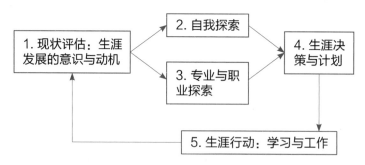

图1-3　生涯规划的内容与过程示意图

 行动项目

为自己做一份生涯探索方案

行动任务

按照本节介绍的步骤和方法，为自己拟定一份生涯探索方案。

行动步骤

（1）把生涯探索方案的相关内容记录在表1-5中。

表 1-5　生涯探索行动计划表

步骤	探索内容	探究方法	所需资源(条件)	阶段性结果
1				
2				
3				
4				
5				

（2）完成以后，与同学或亲友交流一下，听取他们的意见，并完善计划表。

职场链接

对生涯发展的规划与管理也会影响我们的职业发展进程。
观看微课视频，了解影响职业发展的关键要素。

▶ 为什么不同员工的
职业发展进程不同?

第二章
发掘自我的宝藏

个性与行为

某高职院校的学前教育专业有这样几位同学:

A女生,喜欢陪小孩玩,因此第一志愿填报了该校的这个专业,但因分数不够,被其他专业录取,后来经过努力(第一学期成绩优秀),又转到这个专业。虽然她的高考成绩不够理想,但由于自己特别喜欢这个专业,上课认真听讲,课后广泛研读,并经常主动求教专业老师、去幼儿园见习实习,因此,专业课成绩一直名列前茅,实习表现也很好,最终被实习幼儿园录用——该园本来计划招一位本科生的,但因为很欣赏她,所以才放弃了录用本科生。

B男生,高考成绩超过本科线,但他不知道高考志愿怎么填,而父母觉得幼儿师范好就业,就帮他填报了本校的学前教育专业。进校以后,他发现全班只有三个男生,而且觉得男生做幼儿园老师显得怪怪的,就不太想学这个专业,想转到其他专业;但由于学习没下功夫,花很多时间玩电脑,第一学期成绩很靠后,结果转专业失败,最终只能马马虎虎应付专业作业。实习时,他因为觉得小孩子叽叽喳喳很烦,便尽可能回避工作,所以直到大多数同学都已走上工作岗位,他的工作还是没能落实,最终只得在家复习,准备参加专升本考试。在复习迎考的过程中,因了解到专科生也可以考研究生,于是努力学习了英语和几门计算机课程,最终考上了计算机专业的研究生。

C女生,高考成绩接近本科线,也对志愿填报没想法,哥哥帮她填了本校的学前教育专业。在学前教育专业学习的过程中,她认真听课、记笔记、完成作业,成绩中等,但是她性格内向,不善言辞,与人交往不多,也没找到什么兴趣爱好。实习的时候,她不知道该怎样上课,说话声音很轻,难以掌控课堂,结果没能找到幼教工作,最终还是回家到自家的店里,做父亲的助手。没几年,父亲因得了脑中风去世了,她不得不接替父亲做店主。尽管一开始很困难,但她硬着头皮尽力支撑,慢慢地,她一天比一天变得开朗、自信、果断,大家称赞她是胜过父亲的大老板。

D女生,性格开朗,多才多艺,得知学前教育专业有艺体课程,便填报了该专业。进入专业学习以后,她很投入地学习各类课程,课堂主动发言,实训演练表现出色,很早就被专业老师介绍到幼儿园做助教。实习中,她表现优异,多家幼儿园都想录用她。但她与家人商量以后,觉得幼师的收入偏低,最后去了一家房地产公司,做房产销售员。

请思考并与伙伴讨论以下问题:

(1) 同一所学校、同一个专业,同学们的表现和出路为什么各不相同?

(2) 作为一个学生,哪些个人因素会影响专业学习与就业?

(3) 你现在的状态受到了哪些个人因素的影响?

第一节
做自我决定的主人

課前
思考

在你每天的生活中,究竟谁是主人? 怎样发挥对自己生活的掌控权?

说明自己可以怎样发挥自主性,以便掌控生活。

学习
目标

活动体验

1. 请根据实际情况,为下面的句子填上主语。

(1) _____让我来这里上课。

(2) _____注意到了我现在的状态。

(3) _____影响了我现在的情绪。

(4) _____让我分心。

(5) _____选择了我现在的这种学习方法。

(6) _____对我本节课的学习结果负责。

(7) _____知道我为什么要学习。

(8) _____可以改变我的生活状态。

(9) 闲暇时,_____决定我做什么。

(10) 对于我的事,当我与别人的意见有分歧时,最后_____说了算。

(11) 当我需要安心而专注地做事的时候,_____可以排除环境的干扰。

(12) 对于一项需要长期做的大事,_____能保证持续努力,直到完成它。

(13) 对于我的学习评价,_____说了算。

（14）_____可以让我停下上网或玩游戏，而去做更有意义的事。

（15）对于接下来的选择，_____有决定权。

（16）_____决定我的未来生活。

2. 请思考并和同学讨论以下问题：

（1）以上句子中，你填了几个"我"？其余的填了谁？

_____

_____

_____

（2）你和其余的人之间有怎样的关系？

_____

_____

_____

（3）你还可以把哪些事项的主语也换成"我"？

_____

_____

_____

🎓 生涯智慧

自我及其结构

一、自我之力

自从我们会用"我"这个字进行表达，作为主人或主体的自我意识就萌生了。从心理学的角度看，这种主体性意识的作用可以表现在：①发挥主动性，可以自主确立一定的目标，从而开启、执行、坚持一项行动。②在与环境的互动中发挥积极作用和创造性，一方面能影响乃至决定个人潜力发挥的程度，另一方面还能主动选择乃至反作用于环境，对别人或环境造成影响。所谓领导力就是主动性强，而又能进一步影响别人的能力。③自我意识强的人有清醒的自我认识，能通过自我反思，获得个人的不断成长。[1]

---

① 李志宏，郭元祥. 主体性教育的理论与实践［M］. 长沙：湖南教育出版社，1998：76—78.

但是这个"我"的主观能动性究竟能发挥到什么程度,却受以下因素影响:①因时而异,随着年龄的增长而增强。②因人而异,每个人的发展速度和程度有差异。③因环境而异,鼓励自主性的环境可以促进主体性的发挥与发展,限制乃至压制自主性的环境,则要么限制了主体性发展,要么因过度压制而导致主体的反抗。

自我与环境的关系就像挤压弹簧,作为自我的你,如果用力,它就缩回,如果松懈,它就反弹。另外,不同的环境对自我的影响也不同,一般而言,关系越近的人对自我的影响就越大(见图 2 - 1)①②。另外,根据精神分析心理学的研究结论,时间越早,对自我的影响也越大。因此,幼年时父母与家庭对自我的影响是相当大的③,而到了成年,我们往往能更有意识和能力去选择、控制乃至反作用于环境,这就是自我成长的重要表现。可见,环境(如网络、手机、朋友圈等)对我们的影响往往是复杂的,一方面,如果我们有辨别力、主动性,可以把它作为潜在的资源或支持,有意识地选择和利用它;另一方面,假如我们的能动性不足,缺乏辨别力和抗干扰力,环境则可能成为我们成长与成功的障碍。而在当今信息爆炸且庞杂的时代,培养主动驾驭环境的能力尤其重要。④

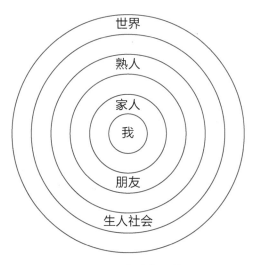

图 2 - 1 自我与环境

---

① 费孝通.乡土中国[M].北京:北京出版社,2004:30—40.

② Patton W,M McMahon. Career Development and Systems Theory [M]. Rotterdam:Sense Publishers,2014:273.

③ 郭本禹.精神分析发展心理学[M].福州:福建教育出版社,2009:19—25.

④ 卡尔·纽波特.深度工作[M].宋伟,译.南昌:江西人民出版社,2017:31—38.

二、自我的结构

如果请你向别人介绍自己，你会怎样介绍呢？可介绍的内容可能很多，但如果时间有限，你该介绍什么呢？又该按什么顺序介绍呢？

虽然长相和穿着也能反映一个人的特点（比如肥胖者往往对节食和锻炼缺乏意志力，而穿着随意的人可能不拘小节），但心理特征往往更能反映一个人的本质，影响也更大。为此，心理学中一般把心理性的自我叫作个性，并把它看作一个洋葱（见图2-2），最里面的往往最内在、最稳定、最早形成、影响最广泛，也最难发现；最外层则最表面、最多变、最晚形成、影响最小，却最容易发现。鉴于此，无论认识自己还是别人，最好设法多认识内在的特性，而不要简单地根据暂时的、表面的言行来判断个性，要尽可能观察更加内在的特性。但内在的个性往往需要根据长期持续的行为，或者多种行为来综合判断，即所谓"日久见人心"。一种具体可行的方法就是成长史分析。

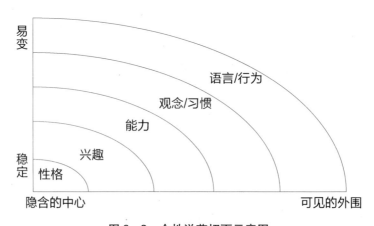

图2-2　个性洋葱切面示意图

⊘　**行动项目**　IIIIIIIIIIIIIIIIIIIIIIIIIIIIIIIIIIIIIIIIIIIIIIIIIIIIIIIIIIIIIIIIIIIIIIIIIIIIIIIIIIIIIIIIIIIIIIIIIIIIIIIIII

为自己写一份自传

行动任务

按照要求写一份自传。

行动步骤

在以下两种写法中选择其一。

写法 1：自由写作。写一篇文章，叙述你从小到现在的经历，以及每一阶段中印象深刻的事。可以像写作文一样独立完成，也可通过与伙伴问答对话的方式，把对话录音整理出来，作为自传。

写法 2：半结构化自传。[①]

我的自传

一、现阶段你最关心的个人问题是什么？

生活方面：　　　　　　　　事业方面：　　　　　　　　个人成长方面：

二、自幼年以来，你最羡慕、佩服或想模仿的 3 个人是谁？

　　姓名/称呼：　　　　　你羡慕的方面：

1.

2.

3.

三、请简述一下你的业余生活。

　　　　　　　　关注的内容：　　　　　　情绪体验：

1. 书刊：

2. 影视：

3. 网络资源：

四、请你讲出一个你最喜欢的故事（经历的、听来的，或读/看来的）。

标题：

故事梗概：

---

① 马克·L.萨维科斯.生涯咨询[M].郑世彦，马明伟，郭本禹，译.重庆：重庆大学出版社，2015：199.

吸引你的方面：

五、关于你的幼年，你能够回忆起什么？请简述三件事。

1.

2.

3.

六、你最欣赏/信奉的格言、名言或座右铭是：

 职场链接

如果我们能正确运用自我之力，认清自我的结构，那不论我们是在什么学校、学什么专业，都能够在职场找到自己的位置和努力的方向。观看微课视频，了解毕业生如何做职业规划的主人。

▶ 职业院校毕业生的发展情况如何？

第二节
开动你兴趣的发动机

课前思考

你有哪些兴趣？其中最核心的是什么？这对于你的学习与就业有什么影响？

学习目标

发现自己的兴趣类型,并确认与它相关的专业与职业范围。

活动体验

技术能手的成长

小匡家开办着一家工厂,他从小耳濡目染工厂的各种活动。他先是在旁边看,然后做助手,到中学时期就想自己动手做了。

有一天,他们家最昂贵的一架机器坏了,父亲打电话请专门的师傅来修,但师傅没时间,结果只能停工。小匡了解情况后,请求自己尝试修好它,但父亲不同意,不相信他的水平,担心他把机器弄得更坏。可是小匡不死心,当天半夜里等大家都睡着了,他偷偷爬起来,跑到厂里,开始拆卸机器,一件件检查零件,最终找到了原因,排除了故障,并重新安装好机器,然后回家继续睡觉。第二天检修师傅检查了机器之后,发现机器运行良好,没有故障。这时父亲才意识到,可能是儿子偷偷把机器修好了。

高中毕业后,小匡考上了一所职业院校的机电设备维修与管理专业,他在学校听了很多专业理论,可几乎没有实习机会。然而,他喜欢动手做,于是就自己去找实习机会,在一家家电维修点做学徒。他眼明手快,半年时间就基本学会了常用电器的维修;一年后,几乎所有的家电都难不倒他了;两年后,小匡在家乡开了家电维修店，他连最新款的电脑、手机都会修。他自己家的电器经过他的再设计，可以用一个遥控器控制所有的电器。由于他德技双优，店铺发展很快，还招徒授业，最后开出四家分店。

请思考并和同学讨论以下问题：

(1) 小匡为什么可以将维修技术钻研到这样的程度？

_____

_____

(2) 是什么推动他克服阻力和困难去钻研技术的？

_____

_____

(3) 你自己的动力是什么？怎样找到用武之地？

_____

_____

_____

🎓 **生涯智慧**

兴趣的力量

一、什么是兴趣

你有没有注意到，婴幼儿总是有很强的好奇心，只要醒着，就要不停地观察、尝试、提问。而且，他们天生具有挑战精神，对难题乐在其中，不怕困难与挫折，也不在乎别人的眼光。[1] 比如，为了学走路、学说话，不知要尝试多少次，他们不但不放弃，而且还乐在其中；对于搭积木、捉迷藏、走迷宫等难题，都可以找出一个又一个新方法来。

---

① Robert E Franken. 人类动机[M]. 郭本禹，等，译. 西安：陕西师范大学出版社，2005：308—309.

遗憾的是,随着年龄的增长,人们的好奇心往往会降低,其主要原因是重复的事情多了,新奇感便下降了。另一种情况是,当成人遇到陌生情境或事项时,不是好奇,而是害怕。这又是为什么呢? 因为成人往往过度注重结果,否定性评价太多,当然也可以说当事人过度在乎结果和别人的评价,特别是那些复杂的、具有创造性、挑战性的事项,别人的评价有很强的破坏性。①

好奇心如果能够持续推动一个人从事某一活动,这就是兴趣了。而且兴趣可以长期持续与发展,甚至可以对抗厌倦与疲劳,乃至克服困难与障碍,最终达成了不起的活动成就。② 很多艺术家、科学家、技术能手往往就是在兴趣的推动下取得成就的。

兴趣是一种内在的行为动机,它不仅可以推动一个人完成各种活动,而且如果发展下去,就能塑造一个人的个性。比如,喜欢一件事,就会不断地去做,而做多了,能力就提高了,取得的成就也大了,然后就可能获得自信和外部的好评,进而也会强化重视这类活动的价值观。正因为如此,有不少心理学家甚至认为兴趣是最重要的个性要素,兴趣能够反映个性的整体。③④

二、兴趣的类型

不同人的兴趣有差异。除兴趣浓厚程度不同之外,更重要的差异是兴趣指向的不同,即感兴趣的活动内容不同。比如,同学们常有偏科现象、偏食现象,对于体育娱乐、交往对象、专业选择、职业选择,也都有不同的偏好。美国心理学家霍兰德根据这种偏好的不同,把人的兴趣类型分为六类(见图2-3)。分类的标准就是活动指向的内容类型:要么是具体、有形的人或物,要么是抽象、无形的信息或理念。图中上方两种类型的活动对象倾向于信息,是现实主义者,下方两种类型的活动对象倾向于理念,是理想主义者;左边三种类型的活动对象都更多地与人有关,属于文科类型,右边三种类型的活动对象更多地与物有关,属于理工科类型。

这六种类型之间,距离越远,差异也越大。在用于指导专业与职业选择时,一

---

① 艾曼贝尔. 创造性社会心理学[M]. 方展画,等,译. 上海:上海社会科学院出版社,1987:143—144.
② 约翰·杜威. 杜威全集·中期著作(1988—1924)第7卷(1912—1914)[M]. 刘娟,译. 上海:华东师范大学出版社,2012:121.
③ Holland J L. Making Vocational Choices[M]. Upper Saddle River:Prentice Hall,1973:7.
④ Silvia P J. Exploring the Psychology of Interest[M]. New York:Oxford University Press. 2006:111.

图 2-3 六种兴趣类型关系图

个人在这个图上找到自己的位置之后，所选的专业或职业的类别，也最好与这个位置相同或接近，而不要差得太远，否则就可能不喜欢，也做不好。

不同个性类型的人，他们的差异表现在各个方面，其行为特征、社交倾向、学习偏好、适合读的典型专业、适合从事的典型职业等，都各不相同（见表 2-1）。

表 2-1 六种个性的特点

类型	行为特点	社交倾向	学习偏好	典型专业	典型职业
R 实操型	好动手	简单直接	做中学	农、工、矿、军事	工程师、工匠
I 研究型	爱沉思	独立而有主见	沉思	理科与学术性文科	学者、科学家
A 创意型	求新、偏形象化	性情中人	直观、变换学法	音乐、美术、舞蹈、文学	画家、乐手、作家、演员
S 社会型	爱交友、热心肠	关心、支持	讨论、辅导别人	教育、人事、医疗等	教师、咨询师、护士、社工
E 管理型	有抱负、敢为人先	主导、爱竞争	竞赛、自我规划	政治、经济、管理	经理、销售员、店主
C 事务型	耐心、细致、顺从	顺从、随和	记录、整理、记忆	财务、文秘、软件工程、安全工程	秘书、会计、质检员、程序员

行动项目

探察你的个性类型

下面有 60 张职业卡片，分别代表六种个性类型。请你选出自己喜欢的所有职业，并把它的代码（3 个字母）记下来。然后按照后面的计分方法计算出你的个性代码。

记者（AEI）

视频编辑（AIE）

手工艺人（ARE）

技术作家（AIC）

化妆师（ARS）

时装设计师（AER）

歌手（AES）

景观设计师（AIR）

资格面试官（CES）

建筑制图员（ARI）

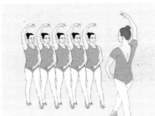
舞蹈编导（ASE）

档案管理员（CSR）

会计师（CEI）

银行柜员（CES）

法务助理（CIE）

质量分析师（CIR）

媒体技术员（CRS）

收银员（CSE）

快递员（CSR）

图书馆员（CES）

公关专员（EAS）

节目导演（ECA）

网店店主（ECR）

公园管理员（ERA）

广告、促销经理（EAC）

律师（ESA）

销售代表（ESC）

乘务员（ESC）

技术销售工程师（ERI）

拍卖商（EAS）

软件工程师（ICR）

翻译家（ISA）

城市规划师（IEA）

药剂师（ICS）

数学家（ICA）

经济学家（ICE）

社会学家（IAS）

气象学家（IRS）

食品科技人员（IRC）

外科医生（IRS）

家电维修工（RCI）

玻璃吹制工（RCA）

裁缝（RAE）　　巡逻警官（REC）　　家居装饰工（RAS）

企业电工（RIC）　　医疗技师（RIC）　　技术测量员（RIC）

医疗放射师（RIC）　　体育裁判（REC）　　西点师（RAS）

教师（SAC）　　护士（SAC）　　心理咨询师（SIA）

康复治疗师（SAI）

音乐治疗师（SAI）

培训师（SAC）

健身教练(SRE)

理疗师(SIR)

社会工作者(SEI)

计分方法：

（1）纵向列出代表六种个性类型的代码。

（2）把你喜欢的每一种职业的代码得分计入相应的类别中：每个代码中的每个字母都得分，但位置决定分值——最前面的计3分，中间的计2分，末尾的计1分。

（3）在全部的代码都计分后，计算每个字母的总分。

（4）确认得分最高的3个字母，把它们由高到低地组合起来，就是你的个性代码。

例如，同学T选中的职业代码为SEI,SAI,SIA,IAS,IEA,AES,ARS,AER。代码分值统计如下：

R＝2＋1＝3

I＝1＋1＋2＋3＋3＝<u>10</u>

A＝2＋1＋2＋1＋3＋3＋3＝<u>15</u>

S＝3＋3＋3＋1＋1＋1＝<u>12</u>

E＝2＋2＋2＋2＝8

C＝0

结果，T同学的个性代码就是ASI,即创意—社会—研究型,适合的专业有艺术设计、艺术教育、语言文学、播音主持、曲艺、新闻传播、环境设计等。适合的职业有演员、各类设计师、作家、记者、导演、艺术教师、摄影师、化妆师等。

假如你有两个字母得分一样高，就表示你的倾向在这两者之间，有待进一步探索并确认。

算出你的个性代码后，再和你的自传分析对照一下，以便确认或修正。

第三节
盘点你的能力

课前
思考

你有哪些能力？其中有哪些能力超过了一般人？怎样进一步
发展你的能力？

拟订你的能力发展计划。

学习
目标

活动体验 IIIIIIIIIIIIIIIIIIIIIIIIIIIIIIIIIIIIIIIIIIIIIIIIIIIIIIIIIIII

可展示的实力

小苗低着头，一脸愁容，向我咨询：马上就要毕业了，但他还没找到工作。

我请他说说目前的情况和进入大学以来的经历。原来他是高职商务英语专业大三的同学，最近花了许多时间准备公务员考试，结果却失败了。三年来，除了准备公务员考试，他还做过其他很多事情。其中特别突出的是：他很喜欢英语，除了作业，他还做了许多与英语有关的事，如学唱英语歌曲，为国际会议做志愿者，义务为外国人做导游，作为翻译陪同外国人参加商务洽谈，还为一家外贸公司翻译了近100页的商务文件。

于是我建议他收集、整理有关他这些经历的证据——照片、录音（录像）、实习鉴定书、感谢信、英语技能证书、翻译作品等，并将其分类汇总，装订成册，作为个人生涯档案。

再次求职时，他把简历和生涯档案一起呈现给招聘人员。一周后，他向我报告说，他被一家外贸公司录用了。

请思考并和同学讨论以下问题：

（1）小苗最终应聘成功靠的是什么？

....

....

....

（2）这样的应聘条件是怎样创造的？

....

....

....

（3）创造这样的条件并不容易，小苗为什么能够做到？

....

....

....

生涯智慧

能力及其发展策略

一、经过实践锻炼才能使兴趣转换为能力

前一节讨论的兴趣，是个人成才的起点，只有带着兴趣经过持续不断地学习和锻炼，才能形成相应的能力。只有那些具备高水平能力的人才是人才，光有梦想和初级的兴趣还算不上人才。

那么曾有很多兴趣的我们，为什么没能发展出多项能力呢？又为什么只有少数人的能力能达到高水平呢？能力是一个人较为稳定的内在特性，它可以让一个人轻松而有效地完成特定活动，且能保证活动任务执行的质量与速度。[1] 能力是内在的、稳定的，不像行为那样时有时无，也不像兴趣、情绪会变化起伏。因此，成才就意味着发展高水平的能力，而能力也是成就事业的必要条件。

从兴趣发展成为能力是需要一定条件的，包括：①要有足够的动机来推动我们

---

[1]　彭聃龄.普通心理学(第五版)[M].北京：北京师范大学出版社,2019：408.

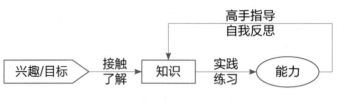

图 2-4   从兴趣到能力的转化

去进行相应的活动尝试与锻炼，而不轻易厌倦或放弃。②要善于学习或用脑思考，不断总结与反思，改进实践或练习的效果。如果机械重复，效果就不好，就容易受挫。③如果有内行高手指导和反馈，可以让我们少走弯路，成长就会更快。许多学生虽然读了很多书，听了很多课，但很少实习或在实践中锻炼，那培养出来的"理论派"，并不具备真正的能力。我们要引以为戒。

二、多元智能

图 2-5   多元智能结构示意图①

提起能力，许多人就想到智商。其实智商只反映了很小一部分的能力，还有许多能力值得重视和发展。美国心理学家加德纳（Howard Gardner）提出了多元智能的理论，认为每个人至少有八种智能（见图 2-5），但各自的优势能力和劣势能力却不一样。

那么，面对外部的专业与职业世界的各种需求，我们该重点发展哪些能力项目呢？一般有两种不同的发展思路：补短与扬长。补短就是哪方面能力弱，就重点弥补哪方面的能力，许多偏科的学生去补课，往往就是基于这种考虑。扬长则是哪方面能力强，就重点发展哪方面的能力，如那些参加学科竞赛的人，以及发展兴趣特长的人，往往就是基于扬长的思路。总的来看，补短的过程会吃很多苦头，需要有坚强的毅力，而扬长的过程则会带来更多的成就感和自信感，因而更容易坚持。因此，多数人更适合扬长的做法，而且在扬长的过程中，那些薄弱的方面也会被自然补充了。总之，无论对于人的成长与发展，还是对于公司的发展与管理，发挥长处是比补救短处更好的选择。②

————————————

①   霍华德·加德纳.多元智能新视野[M].沈致隆，译.杭州：浙江人民出版社，2017：9—24.
②   马库斯·白金汉.现在，发现你的职业优势[M].方晓光，译.北京：中国青年出版社，2002：22—26.

表 2-2 八种智能简介

智能类型	活动特征	个性代码	典型专业	典型职业	典型人物
语言	擅长用语言理解和表达	S/A	中文、外语、传播学、戏剧	作家、记者、律师、文艺演员	赵忠祥、侯宝林
逻辑	通过逻辑分析与推理来把握问题的本质	I/C	理科、工科	会计、工程师、程序员、科学家、数学家	陈景润、爱因斯坦
音乐	善于感受、理解、表达和创造声音,尤其是音乐	A	音乐、戏剧	歌手、乐手、作曲家、词作家、声音设计师、音乐教师	贝多芬、梅兰芳、聂耳
动作	善于借助肢体运动完成任务、解决问题或表达自己	R	体育、体操、舞蹈、推拿、机械修理	运动员、舞蹈家、技师、运动治疗师	鲁班、邓亚萍、工匠劳模徐虎
视觉	善于观察、理解和表达视觉与空间的事物	A	(设计)美术、书法,(影视)摄影或摄像	画家、雕刻家、建筑设计师、摄影(摄像)师、环境设计师	齐白石、罗丹
自然	善于观察、理解和关照大自然、动植物	R/I	地理学、生态学、生物学、地质学、农学、畜牧、气象学	环保人员、生物学家、生态学家、气象学家、地质学家、农民、牧民、园艺师、航海家	达尔文、徐霞客、袁隆平、哥伦布、李时珍、神农氏
社交	善于倾听、理解和帮助别人	S/E	师范教育、心理学、社会工作、人力资源管理学、工商管理、行政管理、市场营销	教师、护士、社工、心理咨询师、人力资源管理师、经理、销售员	陶行知、刘备、于漪
自省	对自己有细致、深入、透彻的觉察与理解	A/I	哲学、宗教学、心理学、文学	哲学家、心理咨询师、宗教学家、文学家	老子、弗洛伊德、乔布斯、陶渊明

三、21 世纪能力

表 2-2 中的八种智能属于人类共有的一般能力。而不同时代、不同行业、不同

职业所需要的能力各有不同。许多国家与地区提出了应对未来世界的能力发展问题，如美国提出的21世纪能力[1]、欧盟提出的面向2030年的技能[2]、我国提出的核心素养等。综合起来看，被提出的重要能力有18种，其中最为广泛提到的有7种（见图2-6）。这提示我们，除了发展自己的能力特长外，也要兼顾社会需求和未来发展的趋势，结合实际进一步有针对性地发展一些具体能力，以便应对未来社会之需。

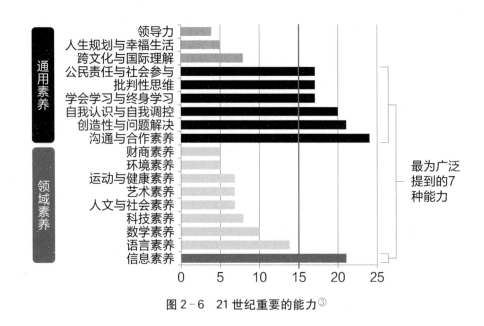

图2-6   21世纪重要的能力[3]

四、能力的水平

除了了解要发展哪些能力外，还要知道发展到什么程度（每一种能力都有不同高低的水平，见表2-3）。前一节讨论生涯兴趣时，我们提到，个性与职业之所以不同，是因为其涉及的活动对象不同。这四种活动对象分别是理念、信息、人、物（前两者是抽象的，后两者是具体的）。能力的高低反映在处理这些对象的具体活动的复杂程度上：复杂程度越高，能力水平就越强。以处理"物"这种对象为例，抓握是粗大的动作，所以最简单，而依次更加复杂的是进料和出料、照管（如流水线）、操作

---

[1]   Trilling B, C Fadel. 21st Century Skills [M]. New Jersey：John Wiley & Sons, Inc, 2009：48.

[2]   OECD. Future of Education and Skills 2030 [EB/OL]. (2021-10-12). https://www.oecd.org/education/2030-project.

[3]   崔若峰. 最重视七大素养：21世纪核心素养教育的全球经验[J]. 中小学管理，2016(7)：50.

（工具）、驾驶（工程车）、控制（生产系统）、精加工（零件）、安装（机器），只有心灵手巧、经验丰富的技师才能拆卸、修理和安装机器。

表 2-3　四种维度的能力及其等级划分①

能力等级		理念	信息	人	物
高	0	精熟的设计	综合	咨询	安装
	1	多样化设计	调整	交涉	精加工
	2	原创设计	分析	教学	控制
	3	精致化改进	汇编	监督	驾驶
	4	醉心于新意	计算	动员	操作
	5	好奇	抄录	劝说	照管
	6		比较	发信息	进料和出料
	7			供应	抓握
低	8			接受指导	

遗憾的是，有的人因为怕麻烦而回避复杂。其实只有怀着好奇心、耐心和积极的心态去探索各种活动对象，才有可能发展出高水平的能力。下一章我们将进一步讨论如何发展能力。

 行动项目

盘点你的能力结构

行动任务

请你列出生活中的各种活动事项，并按照表 2-4 加以评估。这些事项可以来自学习、休闲、家务、社交、工作（如学习中的阅读、写作、实验、记忆、计算、解题、口述等）。

---

① Kaufman J C, J A Plucker, J Baer. Essentials of Creativity Assessment [M]. New Jersey: John Wiley & Sons, Inc, 2008: 90.

行动步骤

（1）填写系列能力评估表。

表 2 - 4　系列能力评估表

活动项目	总体评价(1—5分)：1＝很弱，5＝很强,其余类推		智能类型
	感兴趣程度	擅长程度	
1.			
2.			
3.			
4.			
5.			
6.			

（2）完成上表以后，分析并与同伴讨论以下问题：

① 哪些活动项目的兴趣水平和能力水平都比较高？这可能是你现在就可以重点发挥的能力优势。

_____

_____

② 哪些项目兴趣水平高而能力水平低？这可能是需要你带着兴趣重点提升的方面。

_____

_____

③ 哪些项目能力水平高而兴趣水平低？这可能是你被迫或重复次数多的事项。如要进一步发展，则需改善心态，培养出兴趣来，否则将来可能退化。

_____

④ 在哪些项目上,你的能力和兴趣水平都比较低? 这可能是你近期需要避开的方面,除非你想挑战自己。

⑤ 你今后想重点发展哪方面的能力? 可以通过哪些专业活动和职业体验来发展?

 职场链接

我们要学会盘点自己的能力,发挥自己的长处,这样才能成为一名好员工。观看微课视频,了解好员工的职业素养有哪些。

▶ 什么是好员工? 好员工的表现有哪些?

第四节
澄清你的价值追求

课前思考

当你面对多个选择时，该怎么决定？怎样确定你的选择标准是合理的？

学习目标

确认自己生涯选择的核心价值标准。

活动体验

留下还是离开

小军马上就要毕业了，但毕业后究竟要干什么，却非常犹豫。家里有孤苦伶仃且身体不好的爸爸需要自己照顾，而自己学的宠物医学在家乡农村却没有用武之地。小军一直希望能做一些对社会有益的事，而且以前在自然保护区护理动物的经历至今令他难忘，仍十分向往。

请思考并和同学讨论以下问题：

(1) 小军为什么会犹豫？

_____

_____

(2) 究竟优先选择什么，自己将来才不会后悔？

_____

_____

(3) 如要保证选择是对的,需要做些什么?

 生涯智慧

选择的关键

著名作家柳青说:"人生的道路虽然漫长,但紧要处常常只有几步,特别是当人年轻的时候。"[①]那么"紧要处"的几步究竟是什么呢? 往往就是人生中做出的重要选择。你可以回顾一下:从记事起到现在,你的那些伙伴和同学是怎样各奔东西的? 在你们分手的岔道上,面对的是怎样的选择? 无论有没有意识到,你自己也已经做出过重要的选择,比如高考志愿。今后还有更重要的选择等着你去做,如就业选择、婚姻选择等。如果你已经明确了可选择的对象有哪些(详见第三章),那么你心中的选择标准就是最为重要的。这种选择标准就是价值观,也叫职业锚——就像船到达目的地后靠岸抛锚一样,一个人在职场漂泊之后,终于找到了自己真正想要的东西,才能安心稳定下来。

价值就是某样事物对人需求的满足(程度)。[②]而价值观就是一个人判断事物价值高低的一般标准。对于事业选择来说,一般标准就是职业价值观或职业锚。美国生涯发展理论家沙因(Edgar H. Schein)认为,人们的职业锚虽然千差万别,但可以概括为八种(见图2-7)。[③]

这八种职业锚与个性兴趣类型有一定的联系,分别适合不同的专业与职业(见表2-5)。

① 柳青. 创业史[M]. 北京:中国青年出版社,2009:182.
② 唐日新等. 价值取向与价值导向[M]. 长沙:中南工业大学出版社,1996:3.
③ 埃德加·H. 沙因,约翰·万·曼伦. 职业锚:变革时代的职业定位与发展[M]. 陈德金,冯展,译. 北京:电子工业出版社,2016:49—90.

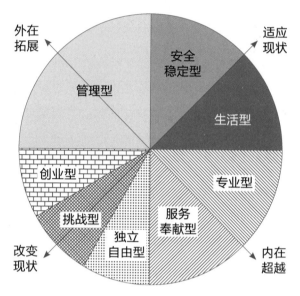

图 2-7   八种职业锚关系示意图

表 2-5   八种职业锚的特点

职业锚类型	看重的内容	个性代码	典型专业	典型职业
专业型	能力提升、专业度	I/C	理科、工科、医科、艺术类、基础文科	技师、工程师、科学家、律师、医生、农民、学者
独立自由型	独立性、自由度、工作弹性（内容、方式、时空）	A/E	设计艺术、传媒、中文、应用心理、销售、广告设计	自由作家、画家、个体户、网店店主、记者、设计师、各行业咨询师、自由培训师
挑战型	新颖性、成就感、高回报、敢冒险	不确定	金融学、影视学、竞技运动	投资商、运动员、明星、探险者、各类赛手
安全稳定型	就业有保障、收入稳定、工作时空稳定	C/I	行政学、师范教育、医学、图书管理、财务、统计	教师、医生、公务员、会计师、统计师、图书馆员、大企业职员
创业型	成果、新鲜感、创造性、前沿性、独立性、知名度	A/E	各领域的设计学	策划师、产品设计师、画家、作曲家、作家、发明家
服务奉献型	友谊、信任、沟通、诚信、友善	S	社会工作、护理、康复医学、师范教育、应用心理学、人力资源开发	社工、护士、培训师、各行业咨询师、特殊教育教师、幼儿教师、慈善人员

（续表）

职业锚类型	看重的内容	个性代码	典型专业	典型职业
管理型	收入、责任、影响力、决策权、职位晋升	E	工商管理、行政管理、经济学、营销学	业主、经理、销售主管
生活型	家庭幸福、健康生活、个人兴趣、生活质量	不确定	电子商务、休闲服务、各类传统专业	各种朝九晚五的工作、电子商务

不像性格和兴趣有先天的成分，人的价值观则主要是后天形成的，即在与环境的不断互动中，通过体验、反思而沉淀下来的。[①] 特别典型的方式，就是自己行为结果的体验与外部反馈，观察到的别人的行为后果，以及别人劝说与社会舆论的影响。[②] 可见，价值观是逐步形成的，也是可以改变的，只不过这个形成与改变的过程比较长，往往长达几年，甚至十几年。不过，青少年时期限于阅历与历练，其价值观只是初步形成，还不稳定。只有在职场充分磨炼、体会、反思之后，人的价值观才会真正沉淀并稳固下来。因此，年轻的朋友有必要保持开放的心态。

 行动项目 ....

价值观测试

行动任务

职业锚量表（见表 2-6）旨在引发你澄清自己的需求和价值观，请你按实际情况如实作答。

行动步骤

（1）下面共有 40 条陈述，请给每一条陈述打分。按照符合实际情况的程度，由低到高依次是 1—6 分。

---

① 科尔伯格.道德发展心理学［M］.郭本禹，等，译.上海：华东师范大学出版社，2004：20—23.
② 阿尔伯特·班杜拉.思想和行动的社会基础：社会认知论［M］.林颖，等，译.上海：华东师范大学出版社，2018：63—252.

1	2	3	4	5	6
完全不符	很少符合	少数时候 符合	多数时候 符合	基本符合	完全符合

表 2-6 职业锚量表

自 我 陈 述	打分
1. 我希望我能做好自己的工作，以便保有专业能力。	
2. 当我把别人组织起来完成工作时，我感到很满足。	
3. 我很希望自定步调，按自己的方式来工作。	
4. 我非常在乎工作是否稳定而有保障。	
5. 我渴望产生新的想法，以开创自己的事业。	
6. 只有当我造福于他人与社会时，我才会感到事业成功。	
7. 我希望不断解决新问题，尤其是挑战性的问题。	
8. 当事业与家庭生活冲突时，我会毫不犹豫地优先考虑生活需要。	
9. 只有我在专业领域的优势达到相当水平时，我才会有满足感。	
10. 我希望能领导一个大型的组织，且有影响力。	
11. 我很希望能自由决定自己工作的一切。	
12. 我必须找到一份长期稳定的正式工作。	
13. 我不想安分守己，而要独创一份属于自己的事业。	
14. 只有真正帮到别人时，我才感到最满足。	
15. 我最大的成就感，往往来自克服大的难题或挑战。	
16. 我要找的工作，一定要能保证我的生活质量。	
17. 我更倾向于做一个专家，而不是一般的领导。	
18. 我一定要成为独当一面的领导，否则就不算成功。	
19. 对我来说，工作中的自主和自由最重要。	
20. 我希望我的工作长期稳定，不需要换工作。	
21. 我最满足的时候，是看到我用智慧和努力取得了成果。	
22. 我希望自己能造福他人与社会，而不在乎有多高的职位。	
23. 屡经周折而最终突破难题，是我最满足的时刻。	
24. 对我来说，学习和工作都是为了生活，不能因为事业而牺牲家庭幸福。	

（续表）

自 我 陈 述	打分
25. 我一定要找一份可以发挥专长和专业价值的工作。	
26. 对于工作,我最在乎的是:有权通过决策来实现我的想法。	
27. 哪怕有风险,我也要自由地按照自己的方式来工作。	
28. 我想要的工作,是职位和收入都很稳定的。	
29. 我希望我的工作能够施展我的专业才干。	
30. 我一直在关注如何让周围的人和社会更美好。	
31. 我经常在琢磨怎样发现和解决难题。	
32. 我希望我的工作不要太忙,好让我兼顾家庭。	
33. 对我来说,如果不能发展专业特长,就没什么价值。	
34. 我觉得,个人力量毕竟有限,所以我希望有机会发挥组织领导作用。	
35. 如果工作中没有自主性和自由度,我就辞职。	
36. 我不希望我的工作有变动或风险。	
37. 工作上我不甘心做一个可有可无的螺丝钉,而要开创自己的事业。	
38. 如果我的工作不能对别人有帮助,就没有意义。	
39. 如果工作中没有难题或挑战,我会觉得挺没劲的。	
40. 如果工作妨碍了家庭生活,我宁愿放弃它。	

计分方法:

① 浏览你的全部答案,记录所有打6分的题目。

② 从打6分的题目中,挑选三项最切实的,每一项目分别都另加4分。

③ 按照表2-7,把每题的得分分别记录在题号所对应的方格中,并记录各职业锚的得分。

表2-7 记分表

职业锚	独立 自由型	安全 稳定型	专业型	管理型	创业型	服务 奉献型	挑战型	生活型
题号	3_____	4_____	1_____	2_____	5_____	6_____	7_____	8_____
	11_____	12_____	9_____	10_____	13_____	14_____	15_____	16_____

（续表）

职业锚	独立自由型	安全稳定型	专业型	管理型	创业型	服务奉献型	挑战型	生活型
题号	19_____	20_____	17_____	18_____	21_____	22_____	23_____	24_____
	27_____	28_____	25_____	26_____	29_____	30_____	31_____	32_____
	35_____	36_____	33_____	34_____	37_____	38_____	39_____	40_____
合计								

（2）你得分最高的1—3个职业锚是什么？如果用这样的职业锚来审视你想到的专业与职业，它们的优先次序是怎样的？

_____

_____

_____

如果你认真完成了本章讨论的主题，就基本解决了职业生涯发展的内在问题：兴趣不匹配，导致动力不足；价值观不符，导致无意义感；能力不足，没办法把想法变为现实。

下一章，我们将进一步讨论生涯发展的外部问题——生涯世界的机会、要求与挑战。

第三章
谋划生涯发展路径

小王的职业飞跃

小王初中时成绩一般,毕业后考进了一所中职学校,学的是烹饪专业。虽然成绩不太好,但他喜欢动手操作,所以专业技能学得还不错,被学校选拔为技能赛手。经过艰苦的训练,他先拿到了省级烹饪技能大赛一等奖,然后获得了全国赛三等奖,核心优势都是食雕。

有了技能大赛的奖牌,就业并不难,他进了一家五星级大酒店。但出乎意料的是,他没能成为所谓的大厨,而是从洗菜工开始干,干了一年多之后,才成为切菜工。他心里想:这样做下去,熬成大厨要等到什么时候啊!

于是,他跳槽到另一家五星级酒店,可仍然是做基础性的工作,偶尔才可以做助手,那就是有食雕任务,大师傅忙不过来的时候——毕竟小王是食雕获奖者。小王想:看来靠寻常路成为大厨的希望太渺茫了,必须想点别的办法。经过一再地打听和尝试,他做了三项决定:①发挥自己的优势,从食雕上突破;②跟大师傅做徒弟,全面、深入、系统地学技术;③业余时间进修大专雕刻专业。经过 5 年的努力,他不仅取得了大专学历,而且食雕技术突飞猛进,差不多可以独立承担整场宴会的雕刻任务了。

又经过几年的巩固,他的技术更扎实了,而且形成了自己的雕刻理念和风格——海派食雕。他的名气越来越大,宴会食雕的业务越来越多。于是他决定独立创业,一边经营食雕业务,一边招徒授课,以便培养更多的食雕能手,满足业务需要。

请思考并与伙伴讨论以下问题:

(1) 为什么技能大赛获奖者也不能做大厨?

(2) 如果像普通人一样按部就班地在餐厅工作,成为大厨的路会是怎样的?

(3) 小王为什么选择以食雕作为突破口?

(4) 烹饪专业学生与掌勺师傅之间究竟有哪些差距?

第一节
读懂职业地图

在实习与就业的工作世界有各种部门,每个部门有各种岗位,你该怎样寻找自己的位置,扮演好自己的角色呢?

解释工作世界不同于学习生活的特点。

活动体验

在校如鱼得水,在职场为何马失前蹄

销售专业的小茂是个热情开朗的男生。在校期间,他积极参加了各种社团活动,包括学生会、辩论赛、志愿者服务队,尤其是在广告设计大赛中还拿了二等奖。毕业时,经朋友介绍,小茂进了一家外贸公司,做外贸单证员。

可是,小茂所做的第一单贸易就出了差错,幸亏被师傅检查纠正过来,才没酿成事故。热情阳光的小茂一下子乱了阵脚,开始小心谨慎起来。他每天最早到岗,最晚下班,眼睛一直盯着电脑屏幕看。虽然不是每单都错,但还是差错很多,以至于部门领导说小茂是公司成立以来出差错最多的员工。结果同事都不敢把重要的贸易项目交给小茂。

就这样坚持了三个月,小茂越来越没自信,胆子也越来越小,甚至都不敢轻易说话了。试用期结束时,领导劝他离开公司。

请思考并和同学讨论以下问题:

(1) 本来阳光自信的小茂为何一开始工作就不顺利,而且出错比别人多?

（2）小茂接下来该怎么办？

（3）假如你是小茂，可以怎样减少这些麻烦？

🎓 生涯智慧

职业世界的远景图和近景图

一、成功智力：事业成功的三要素

尽管在学生时代，学习对我们很重要，但是对于整个人生和事业来说，它只是其中的一个要素，其他要素还有待我们在真实的工作世界中去获取。著名的多元智能心理学家斯滕伯格（Robert J. Sternberg）认为，一个人要想成才、成就事业，需要三方面的能力，即分析智力、实践智力和创造智力。[①]

分析智力就是逻辑思维能力，即传统的智商，偏重为问题找到答案，可以说出来或写出来，最典型的体现是学业成绩。创造智力指提前并超越一步提问和求解的能力，是一种超越过去、超越他人、超越现状的反思能力，即找出最好的问题。在突发、疑难、重要、复杂的情境中，创造智力尤其能体现一个人的机智和创造性，古人称之为真正的智慧。这种能力往往体现于创意、创业、革新与发明等方面。一个缺乏创造智力的人是很难在事业上取得质的飞跃，难以获得突破性成长，也很难在人群中脱颖而出的。实践智力则是在特定的、真实开放的环境中做成事的能力。这种能力有很大的成分是说不清或说不出的，所以也叫默会知识或"非言

---

① R.J. 斯腾伯格. 成功智力[M]. 吴国宏，钱文，译. 上海：华东师范大学出版社，1999：115—137.

述的智力"。[①] 最典型的体现是职场经验、人缘、现场直觉、艺术灵感等。成功需要由这三种能力合成的完整的智慧。

在以上三种能力中,分析智力可以在学校通过听读的方式来学习,但是创造智力和实践智力则必须在真实开放的现实生活中来学习和锻炼,尤其可从职业实践中获得。

二、职场地图:职业世界的结构与路径

社会职业蓝图。国际劳工组织 1958 年就出版了《国际标准职业分类》,目前该《分类》的最新版把全社会所有的职业分为 10 大类,43 中类,130 小类,438 细类[②],共 7 017 种[③](见表 3-1)。

表 3-1 《国际标准职业分类》中的全社会职业总体结构:类别数[④]

大类	中类	小类	细类	种类	能力水平	个性代码
1. 经理/主管	4	11	31	512	高/中高	E
2. 专业人员	6	27	93	1415	高	I/A/C/S
3. 技术员与技术辅助人员	5	20	84	1 113	中高	I/R/C
4. 管理辅助人员	4	8	29	300	中	E/S
5. 服务与销售人员	4	13	40	424	中	S/E
6. 农林牧副渔工作者	3	9	18	384	中	R
7. 手工艺人及相关工作者	5	14	66	1377	中	R
8. 工厂与机器安装、操作人员	3	14	41	973	中	R
9. 非技术职业	6	11	33	431	低	不确定
10. 军事职业	3	3	3	88	低/中/高	R/E/I
合计	43	130	438	7 017		

---

① 迈克尔·波兰尼.个人知识[M].许泽民,译.贵阳:贵州人民出版社,2000:104—113.

② ILO. International Labour Office, International Standard Classification of Occupations Structure, group definitions and correspondence tables [Z]. International Labour Organization,2012:65—83.

③ ILO, Index of Occupational Titles [EB/OL]. [2021-10-10]. https://isco-ilo. netlify. app/en/isco-08/#download-isco-08-material.

④ ILO. ISCO-08 Number of groups at each level and skill levels [EB/OL]. [2021-10-10]. https://ilostat. ilo. org/resources/concepts-and-definitions/classification-occupation.

从表 3-1 可以看出，专业人员，技术员与技术辅助人员，手工艺人及相关工作者，工厂与机器安装、操作人员在职业种类中占绝大多数，四者合计的职业种类有 4 878 种，占全社会职业种类的 69.5%，即三分之二以上。相反，所谓的白领工作（经理/主管、管理辅助人员）种类并没那么多，二者合计的职业种类数为 812 种，仅占全社会职业种类的 11.6%。职业种类少，说明分化不细，类同性大，就业的可替代性强，因而也就竞争激烈。相反，种类多的职业分化细，专业性强，可替代性弱，竞争就没有那么激烈。大家可以仔细观察一下人才与就业市场，看看是不是存在这种情况。

根据最新版《中华人民共和国职业分类大典》，我国社会职业分 8 大类，75 中类，434 小类，1 481 细类，2 670 个工种。[①] 这一分类体系的结构总体上类似于国际职业分类，但更粗略。

除了社会职业分类，还有国民经济的行业分类。职业分类主要是以人为中心，按职业活动的心理功能为划分标准的。而行业分类则更多地考虑职业劳动的时空、原料、产品、工具等客观条件，因此更多地受到宏观经济管理和市场的影响与制约。对于不同行业，就业途径、工作时空条件和组织文化与管理往往会有差异。

从我国目前的行业划分来看（见表 3-2），制造业、商业批发和零售业的分化程度最为突出，这也反映了劳动市场的总体需求情况。[②] 多年来，制造业的劳动需求一直遥遥领先，其次是商业与服务业。

表 3-2　我国 20 个行业的分类：种类数[③]

门	类	大类	中类	小类
A	农、林、牧、渔业	5	24	72
B	采矿业	7	19	39
C	制造业	31	179	609
D	电力、热力、燃气及水生产和供应业	3	9	18

① 国家职业分类大典修订工作委员会. 中华人民共和国职业分类大典[M]. 北京：中国劳动社会保障出版社，2015：7—8.

② 中华人民共和国人力资源和社会保障部. 2021 年第二季度百城市公共就业服务机构市场供求状况分析报告[EB/OL]. (2021 - 08 - 06)[2021 - 10 - 10]. http://www.mohrss.gov.cn/xxgk2020/fdzdgknr/jy_4208/jyscgqfx/202108/t20210806_420213.html.

③ 中国国家统计局. 国家统计局关于执行国民经济行业分类第 1 号修改单的通知[EB/OL]. (2019 - 07 - 03)[2021 - 08 - 09]. http://www.cepsw.com/new/2118.html.

（续表）

门　类		大类	中类	小类
E	建筑业	4	18	44
F	商业批发和零售业	2	18	128
G	交通运输、仓储和邮政业	8	27	67
H	住宿和餐饮业	2	10	16
I	信息传输、软件和信息技术服务业	3	17	34
J	金融业	4	26	48
K	房地产业	1	5	5
L	租赁和商务服务业	2	12	58
M	科学研究和技术服务业	3	19	48
N	水利、环境和公共设施管理业	4	18	33
O	居民服务、修理和其他服务业	3	16	32
P	教育	1	6	17
Q	卫生和社会工作	2	6	30
R	文化、体育和娱乐业	5	27	48
S	公共管理、社会保障和社会组织	6	16	35
T	国际组织	1	1	1
合计(个)：	20	97	473	1382

职业分类可以帮助我们更好地考虑要成为怎样的职业人，而行业分类则可以帮助我们从更现实的途径上考虑：我们要在哪个领域、怎样的组织、何种时空条件下成为这样的职业人。社会职业分类和行业分类都是就整个社会分工而言的，二者构成了相对公开、自由竞争的宏观劳动市场，可供我们在初次就业或跨行业求职时参考。然而不同行业、不同地域、不同组织之间的就业与发展情况各有差异[1]，且人们往往很难看清一个地区与行业的结构，但可以看清某一具体的就业机构。

组织内职业结构。任何有一定规模的组织，都有多种不同类型与层次的岗位。对于这些岗位，虽然也会从社会上公开招聘，但多数企业希望员工稳定，不流失，因

[1] 张晋芬.劳动社会学[M].台北：政大出版社，2013：143—180.

此，会优先选择从内部调动和提拔人才，尤其是对于那些关键的、外部人员难以替代的岗位。这种聘用关系中的聘用期限、薪资水平、岗位变换、培训发展等事项，都更多地基于劳资之间的合约、行政手段与制度规定等方式①，而不像外部社会劳动市场那样凭借学历、职业资格、薪资与福利水平等一般人事条件自由交易。

　　一个人一旦就职于某一组织，就主要在该组织内部流动或升迁。而组织内部的这种就职机会也叫内部劳动市场，员工在其中流动与发展的逻辑不像外部劳动市场，而有着另一套内部职业发展路线和运作逻辑（见图3-1）。实际上，组织内部各种岗位至少有以下几方面的差异：①横向差异。不同的部门负责不同的组织功能，它们之间的差异较大，类似于职业的不同类别。比如，生产、销售、技术研发、行政之间的差异是很大的，乃至于各个内部部门之间的差异也很明显，如人事与财务都属于管理部门，但它们之间的差异也特别大。员工一般很难在差异大的部门之间进行调动。②纵向差异。同一部门乃至同一职位有着不同的层级，组织往往把学历更高、业绩更好、能力更强、经验更丰富的员工提拔到较高的职位上，这就是职

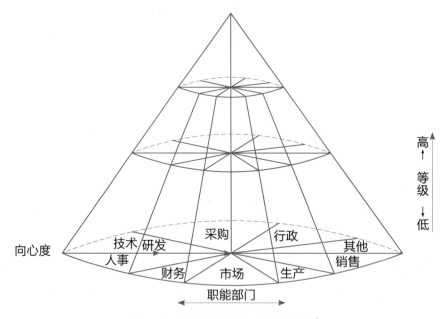

图3-1　组织内部职位关系示意图②

　　①　于颖.企业内部的社会资本[M].大连：大连海事大学出版社，2008：217—221.

　　②　Schein E H. The Individual, the Organization, and the Career: A Conceptual Scheme [J]. The Journal of Applied Behavioral Science, 1971,7(4)：401—426.

务晋升。③中心—外围差异。部门与职位离业务中心或权力中心越近就越重要，发展与升迁的机会就越多。因此，就职一家企业，不仅要看它的大小、声望，还要看它的核心业务是否属于自己喜欢或主攻的发展领域。比如，企图在贸易公司寻求技术发展，无异于缘木求鱼。

如果把所有的职位按照类型与层次放在一起，就成了一幅组织内职业网图（见图3-2）。而在其中寻求发展的员工，有必要按照自己的需求和组织的需求、条件，画出自己的生涯发展地图。如图3-2所示，A员工从入职期，一直在管理类岗位上，直到晋升到高层管理岗位。B员工的起始岗位在技术类，但当他做到工程师岗位（中级）后，转换到了商务业务类，并沿着这一类的阶梯，晋升到资深业务经理。C员工则始于生产操作类岗位的初级工，当他晋升到高级工后，可能因为钻研技术的兴趣、能力、业绩增强了，便转到了技术业务类，并沿着该类的阶梯晋升为技术专家。

组织内职位变动有纵横两种方向。那些有抱负、敢拼搏的员工一般都会寻求向上晋升的机会。在纵向升职的过程中（降职的比较少，除非表现很不好），每一级的职位连起来，就构成了一个职业梯。晋升前积累的那些业绩、经验、能力等资历就是搭建新阶梯的砖石。然而在同一种岗位的多名员工中，能够升职的往往是少数，那些员工不能晋升的原因，有的是因为业绩、能力、经验水平未达到要求，有的是因为留任的时间不够长，没等到升职就转岗或跳槽了。走好职业梯需要的是从长计议的远见、长期积累的耐心和向高处攀登的志向与勇气。

那些不满意自己现有工作，或者个性与现职匹配不佳的员工，往往会寻求横向职位变动。组织内横向职位变动的幅度有大有小。变动小的主要是在相同或相似的岗位上移动，挑战不大；而变动大的则往往是从一种职类跨越到另一职类（如图3-2中的B员工和C员工）。不同职类之间差异较大，就像隔着一条河。员工要想跨越它，就必须设法搭建一条职业桥——变动前要准备相关的知识、技能、经验、资格等条件，变动后也往往有个角色适应与转换的过程。搭建职业桥需要横向拓展的视野、跨界尝试的行动力。那些职业转换曲折乃至失败的人，往往就是因为没有搭建好这样的职业桥。

职类	管理类	技术业务类	商务业务类	生产操作类
个性码	E/S	I/C/R	E/S/A	R
职级	↑ 高层	↑ 技术专家	资深业务经理	高级技师
	● 中层	● 高级工程师	● 高级XX师	技师
	● 基层	工程师	XX师	高级工
	Ⓐ 助理	助理工程	助理XX师	中级工
		技术员 Ⓑ	业务员	Ⓒ 初级工
				非熟练工

图 3-2   组织内职业网与员工升职变动路径示意图

 行动项目

调查职业人及其所在组织

行动任务

就你感兴趣的行业与职业领域，寻找一两位员工，系统考察他/她所在的组织、他/她在组织的位置，以及他/她在组织中变动的经历和未来方向。

行动步骤

（1）调查方法：访谈职业人物（如能进一步参观其所在的组织现场会更好）。

访谈问题大纲（PLACE 职位访谈法）

Position(职位名称)：名称及其职责与活动任务。

Location(工作场所)：包括地理位置、环境状况、室内或户外、工作地点的变化与安全性等。

Advancement(职业升迁)：升迁的通道、速度、工作稳定性等。

Condition of employment(就职条件)：薪水、福利、进修、休假及特殊规定等。

Entry requirements(入职要求)：包括专业及教育程度、证照、经验、个性等。

此外，还有所在组织的核心业务、部门设置、每一部门的大约人数和职位等级。

（2）访谈结束后，尝试画出类似于图 3-2 的职业网和员工职位变动图——把

被访的员工职位变动路线画在组织内职业网中,然后再与同伴互相介绍一下各自
的成果。

职场链接

企业需要的是能扮演好自己角色的员工。观看微课视频,了
解企业招聘员工的目的和标准。

▶ 企业为什么要招聘
员工?

第二节
谋划你的发展道路

课前思考

上坡路、平路、下坡路，你最喜欢哪一种？假如是在黄山风景区呢？在人生这样的风景区，你打算怎么走呢？

学习目标

理解在自己偏爱的领域打造专长的方法，并做出专长发展规划。

活动体验

工程师成长记

小金童年时期比较调皮，成绩一直不好。到初中毕业的时候，他便没有继续升学，而是去跟父亲学养香菇。

小金努力干活，进步很快，三四年之后，养菇的技术就超过了父亲。但是好景不长，由于当地养香菇的人日渐增多，原料也越来越贵，而香菇的价格却越来越低，使得香菇的生意并不好做。小金又坚持了两年，觉得必须另谋出路。经过多方了解，结合现场考察，他决定到邻省的山区承包山地养蘑菇，而且要多样化经营。

于是，小金开始在邻省规模化培植各种真菌。他把常规的培植工作交给手下的工人，自己则把主要精力放在包括选种、育种、防虫、加工、保鲜、包装、销路等重难点事项上。为此，他不得不订阅各种专业杂志、购买专业书籍进行学习，不懂的就查字典，查专业工具书，还经常外出参加培训和交流会。最后，他还参加了农业工程师考试，而且居然通过了！

正当小金的事业蒸蒸日上的时候，国家出台了禁止滥垦滥伐、保护山林的政策，小金停止了真菌规模化培植。经过痛苦挣扎，他在全新的电子行业找了推销员的工作。

一开始，小金什么都不懂，只能跟在师傅后面做助手，但他在师傅旁边仔细地观察。师傅方便的时候，小金就向他求教；小金自己有空时，就钻研产品说明书。没几个月，他就可以独立工作了，而且销售量不断上升，最后成了小组长。两三年下来，他带的团队已经卖出了许多产品，但好的销量也带来了"麻烦"：维修量激增，且维修要求更高。由于售后服务是由别的部门负责的，且该部门因维修量大而忙不过来，使得他经常被客户投诉——维修服务太迟缓。这种状况已经影响到小金的销售业绩了。

鉴于此，小金开始钻研产品的拆装与维修。除了钻研说明书外，他一有空就跟着维修师傅到现场观察学习，还买来各种专业书钻研。慢慢地，他已能排除一些常见的故障。之后，对于一般的故障，他就自己上门，不再转交售后服务部。为了精益求精，他还多次参加智能电子设备维护培训班，主攻电子防盗门。5年之后，他不仅可以维修自己售出的产品，还通过了电子工程师考试。

接下来，他的计划是在苏州和上海独立开办智能电子设备商店。

请思考并和同学讨论以下问题：

(1) 文化程度不高的小金却能成为农业、电子两个专业的工程师，靠的是什么？

_____

_____

(2) 农业与电子行业的跨度很大，小金为什么能够成功转型？

_____

_____

(3) 小金的哪些经验是你可以借鉴的？

_____

_____

■ **生涯智慧** ···

职业世界的发展台阶

一、内生涯比外生涯更重要

说起生涯发展，人们往往会联想到升职、加薪。实际上，升职、加薪只是发展过程中看得见的一面，我们可以叫它外生涯，即员工的薪水、职位、职权、证书、工作物理空间、同事等看得见的要素，一般被组织管理者所偏重。而更被员工个人重视的则是内生涯，即外人难以察觉、员工个人则可以切身感受的梦想、兴趣、能力、经验、工作参与感、自我成长感、成就感、群体归属感等要素。[①]

虽然内生涯与外生涯在多数情况下是一致的，但一般而言，外生涯的可控性强，影响是暂时的、不可持续的，而内生涯则隐秘而复杂，且难以控制，是内在的、可持续的。因此，内生涯往往决定着外生涯，尤其是在职业生涯的早期和中后期，内生涯的影响更大，往往决定着人的发展或停滞，甚至倒退或失败。

二、生涯发展阶段

早在20世纪50年代，美国著名生涯发展专家舒伯(Donald. E. Super)就提出终身生涯发展的理念。基于实证研究，他把人的一生分为5个阶段：成长期(0—14岁)、探索期(14—25岁)、确立期(25—45岁)、维持期(45—65岁)、衰退期(65岁以上)(见图3-3)，这5个生涯阶段的区别不仅在于个人身份、所在机构、生活空间等外生涯要素，也体现在业绩水平、发展重点任务、活动内容、体验与心态等内生涯要素。

当然，这是一般性的阶段划分，反映的是生涯发展的共同方向与顺序。实际上，对于不同职业、不同的人，生涯发展阶段会有差异，如一直求学、没有社会经验的博士毕业生，虽然已经28岁了，却仍处于生涯探索期，而许多互联网技术人才在入职不久便进入确立期，30岁以后就进入维持期了。

从图3-4可以看出，职业院校的学生正处于生涯探索期，主要的任务是：①广泛而深入地探索自己和工作世界。②在充分了解的基础上进而聚焦适合自己的领域，确定发展方向和近期目标。③主动了解和进入工作世界，参与职业实践，丰富

---

① Schein E H, Van Maanen J. Career Anchors and Job/Role Planning [J]. Organizational Dynamics, 2016,45(3): 165—173.

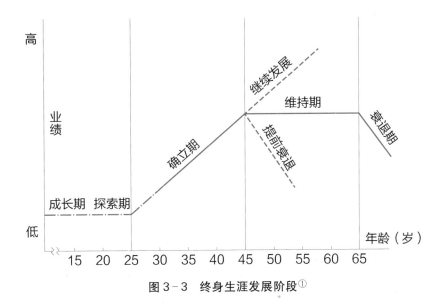

图 3-3 终身生涯发展阶段①

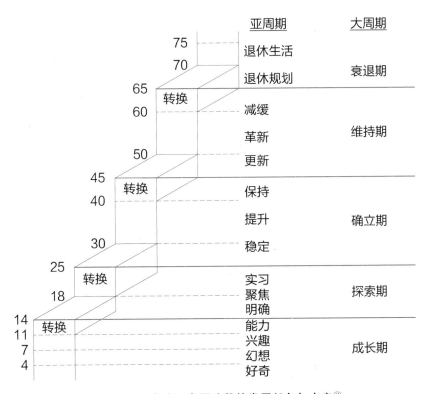

图 3-4 5 个生涯发展阶段的发展任务与内容②

① Super D E. The Psychology of Careers [M]. New York: Harper & Brothers, 1957: 71—161.

② Brown S D, R W Lent, Career Development and Counseling [M]. New Jersey: John Wiley & Sons, Inc, 2013: 93.

自己的生涯体验。我们自古就强调少年立志，如孔子说"吾十有五而志于学，三十而立"。只有在少年时立定志向了，然后经过持续拼搏的过程，才有条件成家立业。

三、从新手到专家的台阶

简单地说，成长为人才，就是通过学习和实践锻炼而成为专家（expert），专家是一般人所无法替代的，他们具备别人没有的精通某一专业领域的高水平的实践能力，即专长（expertise）。[①]

专长或专家技能具有以下特点：①专门性。即适合某一特定专业领域，而不是所有领域。换句话说，就是一个领域的专家到了另一个不同领域，往往就不是专家了。比如一个好医生未必是个优秀的教师。因此，要想发展为专家，就要选定适合的领域，而不能做"万金油"。②实践性。能否精准、快速、有效地解决实践问题，是判断专家与否的第一标准。可见，专家是做出来的，而不是说出来的。因此，只靠读书或听课是成不了专家的，必须扎扎实实地进行实践锻炼。③长期性。专家能力是复杂而有难度的，是高度熟练化的，因此只有经过大量的学习、锻炼和反思提高，才能成为专家。④精致性。并非所有的能力都是专家能力，只有达到精准、熟练、高超水平的能力才是专家能力（见图3-5）。可见，在专业发展的路上，既需要

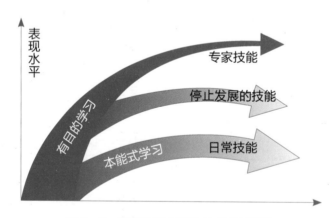

图3-5　专家技能与其他技能的区别[②]

①　Ericsson K A，N Charness，The Cambridge Handbook of Expertise and Expert Performance［M］. Cambridge：Cambridge University Press，2006：3.

②　Ericsson，Anders K. The Scientific Study of Expert Levels of Performance：general implications for optimal learning and creativity［J］. High Ability Studies，1998，9(1)：75—100.

坚持,也需要精益求精,半途而废成不了真正的专家。

那么专家之路怎么走呢? 一般情况下,从零起点到卓越的专家需要经过5个阶段(见图3-6)。在这5个阶段的晋级中,每个台阶都是一次飞跃,都需要具备一定的条件才能达成。

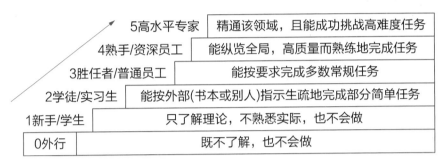

图3-6 专家技能成长的台阶[①]

四、刻意练习:专家成长的条件

为了帮助更多的人顺利地完成从新手到专家的发展,心理学家提出了"刻意练习"的策略。也就是说,要成为真正的专家,需要具备以下四方面的条件:

(1)坚定持续的成事、成才的动机。在发展能力,尤其是高水平能力的过程中,往往会遇到许多困难、干扰甚至失败,没有强大的动力和坚持力,是很难挺过去的。许多人虽然条件好,也很聪明,但没有成才,其首要的原因就是动力不足。

(2)大量的学习与实践。对于很多活动项目,有兴趣只表示有想要参与的愿望,而为此去读书、听讲也只是知道这是怎么回事。只有经过大量的实践练习,才能跨越从想要、知道到会做的鸿沟,并达到熟练、自动化的水平,内化为长期拥有的能力。所谓"台上一分钟,台下十年功",说的就是这个道理。只有具备这样高度熟练的能力,才有可能高效地工作,创造性地发挥。

(3)持续的反思与改进。很多领域的事业是在不断发展的,而且发展的速度越来越快,就像运动员、艺术家、作家、工艺大师、教师一样,如果要超越过去与现状,仅达到一般的熟练水平还不够,还必须立定更高的目标,解决更大的难题,突破已

① Dreyfus H L, S E Dreyfus. Mind over Machine: The Power of Humman Intuition and Expertise in the Era of the Computer [M]. New York: The Free Press, 1986: 19—31.

有的思路、方法。要想使这样的挑战能够成功，仅仅靠实践练习量的积累还不够，还必须总结、反思与创造，这样才有可能成功。[①]

（4）高手的指点。对于以上三方面的条件，如果仅仅靠一个人自己摸索，往往需要较长的时间，还有可能走许多弯路。[②] 然而，如果能寻求内行高手高屋建瓴的指导，则可以缩短时间，少走弯路。但是这个条件往往是可遇而不可求的，前面三个条件则是人人都可以努力创造的。

 **行动项目**

考察一位专家的成长之路

行动任务

根据你的兴趣，选择一位行业专家，对他/她进行全面的了解和分析。

行动步骤

（1）考察专家。可供选择的考察法有：①面对面访谈。②到现场观察其工作。③请相关人士做介绍。④阅读相关传记、介绍资料等。也可以把以上方法结合起来。了解的内容包括以下几点：

- 工作的内容、所达到的水平及影响；
- 成长经历；
- 成长的助力与阻力；
- 学习成长的经验与教训；
- 对年轻人的发展建议。

（2）完成以后，把自己的考察结果与伙伴交流一下，然后思考：自己可以走怎样的专长发展道路？

_____

_____

_____

---

① 张继钢.限制是天才的磨刀石[M].北京：生活·读书·新知三联书店，2011：2—7.
② 安德斯·艾利克森，罗伯特·普尔.刻意练习：如何从新手到大师[M].王正林，译.北京：机械工业出版社 2016：22—48.

_____

_____

_____

 职场链接

　　我们要在职场中找到正确的学习途径和方法,这样才能在专家成长之路上顺利前行。观看微课视频,了解职场中有哪些学习途径。

▶ 职场的学习与在校时的学习有什么不同?

第三节
打造你的就业能力

课前思考

在明确目标后,怎样快速有效地提高专业能力?

通过项目探究等方式,制订自己的专业学习计划,以便将理论与实践结合起来,切实提高自己的专业能力。

学习目标

活动体验

在校三年可以成为经理吗

特殊教育专业的小雨很喜欢教育培训,尤其是面向成人的培训。她满怀热情地学了一个月,发觉教材和老师讲的都是面向中小学校青少年的教育,而且偏重理论,也没什么见习或实习的机会,学来学去还是不知道培训到底什么样。

于是,小雨自己到图书馆找书看,发觉书架上关于培训的书不多,而且大都比较旧。于是她到书店找书,只要发现好的就买来看,并且认真地记笔记、提问题、写心得,然后发布到博客上去。

一个学期下来,博客发得多了,就有了不少粉丝,小雨因此结交了不少朋友。这些朋友大都来自职场,如果他们周末有沙龙或聚会,小雨就一同去参加。一开始,小雨懵懵懂懂,对他们讨论的案例、问题似懂非懂,便不敢说话。但参与的次数多了,就慢慢融入了,也有了自己的看法,偶尔的发言也能赢得赞赏。

在此之后的几个月里,她开始帮那些忙不过来的人事经理或培训主管做一些项目策划,有时也到现场帮忙。一年以后,小雨作为实习生正式开始工作。由于前期的积累比较多,工作挺顺利,深得同事与领导的好评,很快就被委以重任。到毕业的时候,有好几家企业都要录用小雨,她最后去的那家公司直接聘用她为培训经理。

请思考并和同学讨论以下问题:

(1) 在走向经理的路上,小雨究竟做了些什么?

_____

_____

(2) 她为什么可以做到这些,而其他同学做不到呢?

_____

_____

(3) 在通往你目标的路上,你打算怎么做?

_____

_____

 生涯智慧

发展专业能力的有效策略

当你的专业发展目标与路径确定以后,接下来就是要利用各种途径与资源,扎扎实实地学习与锻炼了,也就是要解决做什么、怎么做的问题。

一、学习路径与资源

说起专业学习与发展,人们往往会想到读书、听课,但我们前文已经讨论过,仅靠这种听读式学习是远远不够的,它不能让我们掌握说不出、写不明的情感、技能类的本领。因此,我们必须拓展学习路径与资源范围(见图 3-7)。

对于理论与信息的获取,不能只限于听课和读教材,还要围绕自己的兴趣与探索任务,拓展到图书馆里的图书与杂志,以及网络资源上。网络资源除了常见的图书与文献数据库之外,各种文档及视频搜索引擎上的资源也是非常丰富的。这些

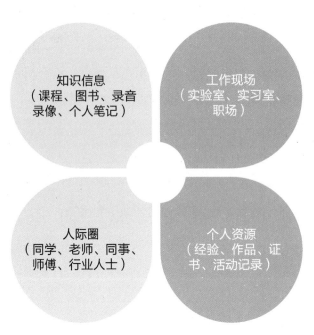

图 3-7   主要的学习路径与资源

知识信息还可以通过文献检索与管理系统（如 Endnote 或 Noteexpress）来组织和管理，以便于查找和使用。

任何理论与方法的知识都有对应的实践途径，如果不能结合实践，就像有钥匙但没有锁可以开一样。因此，专业教育中的实践性环节非常重要。实践性学习的基本途径有：①与专业课配套的实验或实习，一般在实验室、实习室进行。更具综合性的实践项目则要到职场进行。②阶段性或毕业前的专业实习。有条件的学校一般都会安排这类见习与实习项目。③业余时间参与的职场兼职，如在学期间承接的工作任务项目（如本节案例中的小雨）、周末与寒暑假的兼职等。这些实践锻炼如能与专业相关是最好的，但即使没有直接的关系，也可以锻炼实践能力，这对专业学习同样有好处。

人际圈是改善学习成效的加速器。社会性学习是传统学校教育的薄弱环节，而真实职场中的几乎全部的工作都涉及人际沟通与合作。而且人际圈也是专业知识的重要来源之一，因为任何人都有自己的问题与经验，可以互相学习。人际圈包括学校的同学、老师，职场的同事与师傅、供应商与客户及业内同行等。因此，我们可以建立、维护、选择与利用人际圈中的各种学习资源。

第一章第二节中的小凡、第二章第三节中的小苗，一开始都是一无所有的，但随着学习、交往、工作实践的不断拓展与深化，他们不断地积累了个人的"人力资本"。这些资本除了内心的积极体验，还体现为工作日记、工作业绩、人缘与口碑、专业作品等。这些资本集中并优化起来，就能体现出个人品牌，成为就业与发展的台阶。

二、行动学习：优化学习的模式与方法

要想发展得好，就要设法克服传统课堂教育的弊端，如：理论脱离实践；死记并模仿所谓的标准答案（实际上许多问题有多种答案）；单枪匹马而不会合作交流；被动地接受老师的讲授与要求，而不能主动提问、探索和请求（以至于似乎学习不是自己的事，而是为老师而学）。为此，国内外学者提出了行动学习（Action Learning，AL）或项目式学习（Project-Based Learning，PBL）的模式，类似于第一章第三节的解决问题的一般模式（见图1-2）。我们可以借鉴以下学习方法：

（1）主动思考，提出自己的问题、任务与想法。无论是学习还是工作，动机都是首要的条件。一个厌学的学生很难优秀，一位倦怠的员工也很难突出，因此，培养学习兴趣、强化学习目标很重要。而且这种学习动力要与点点滴滴的阅读、听课、实践及每天的生活联系起来，才能落到实处。

（2）做中学。不要仅仅依赖眼睛和耳朵来学习，而要动用眼、耳、手、脚、心、脑等全部的器官来学习，即通过到工作现场扎扎实实地做来学习。这里所说的动手做，不只是实验、实训、实习，平时每门课、每节课中的重要概念与方法，读书、交流时了解到的每一个有价值的理念与做法，都可以动手尝试和检验。做中学不仅可以强化实际能力，而且能促进学习效果。正如我国谚语所说，"百闻不如一见，百见不如一干"。许多科学家、教育家都强调实践性学习的重要性。比如，科学家茅以升主张，工程技术教育应该先进行工程实践，然后再学习理论与方法。[①] 陶行知认为，教、学、做三者要紧密地联系起来，其中做是最重要的，怎么做决定着怎么学，怎么学又决定着怎么教。[②]

（3）合作学习。与别人交流与合作至少有以下几方面的意义：①提升社会能力是必须达成的目标，不能等到工作以后才培养，否则就难以适应职场的需要。

---

① 茅以升. 茅以升文集[M]. 北京：科学普及出版社，1984：14—19.
② 陶行知. 中国教育改造[M]. 北京：商务印书馆，2014：101—103.

②合作伙伴是一种学习资源。不仅熟手的经验、见解与指导可以大大帮助我们，生手的困难与错误同样值得我们参考，提出的问题对我们也有启发。也就是说，无论是我们接受帮助，还是帮助别人，都是有利于我们学习的。③合作学习的效果往往大于个人学习，尤其面对一些新的、复杂的、困难的或工作量大的任务时，多人交流与合作可以分担困难，拓展思路，集思广益。[①] 要想合作得好，就要有大局眼光，不耻下问，尽职尽责，不计较个人得失。在合作活动中，付出最多的往往也是收获最大的。

（4）定期归纳、反思与交流。本章第一节提到的创造智力，强调的就是对现状、过去、自己的反思与超越。这种总结、反思可以独立进行，也可以与同伴、老师或师傅讨论。具体的方法有：①写学习与工作日志，作为记录和总结。②参与同学或同事的工作交流，既可以主动汇报自己的进展，也可以听取别人的展示报告。③请一位资深的导师（学校的或行业的），定期（每周或每月）向其汇报自己的学习与工作进展，提出疑问并请求指教。特别提醒的是，除了口头的交流，勤于动笔记录和总结也非常重要。如果能用档案袋的方法和电子手账技术加以处理，会更加精致。

当前各职业院校都在倡导学生创新创业项目，同学们可以积极响应。

 行动项目

拟定一份小组项目探究计划

行动任务

寻找 3—5 位同学，共同策划一项综合性的探究活动。

目标：经过探究解决一个难题，或完成一项具有挑战性的任务。

行动步骤

按照"确认主题→商讨并选定方案→实施行动方案并做记录→总结分析和展示结果"的过程模式，进行探究活动。

保证条件：寻找和利用相关的场所、人员、设施与工具、信息、资金（如果需要的话）等资源，比如可以通过申请大学生科创项目来获得资金和人员的帮助。

---

① 佐藤学.学校的挑战：创建学习共同体[M].钟启泉，译.上海：华东师范大学出版社，2010：12—44.

提示：所选项目可以联系一门专业课、专业实习、兼职工作来选择，并请相关的专业老师做导师。比如，如果我们学了商务英语口语课，就可以设计这样的项目：找机会在涉外机构见习或实习，通过现场观察、访问，记录真实的商务英语沟通过程，综合分析调查资料，从而归纳出商务沟通涉及哪些话题与表达方式，我们该如何学习商务英语。这样的探究结果可以作为论文发表，也可以作为商务英语口语的作业。

 职场链接

我们在学校打造的就业能力，将会成为今后的职场胜任力。观看微课视频，了解企业需要员工具备哪些胜任力。

▶ 企业对员工胜任力的要求有哪些？

第四章
坦然从学校走到职场

章首
案例

怎么一下子就成了失学无业青年

应用电子技术专业的小新，是个聪明又贪玩的同学。无论是功课、社团活动，还是校外兼职，只要他想做好、投入得够多，往往就能有出色的表现。因此，他既自信，又有点自由散漫。

毕业前的大三下半学期，学校考虑到学生的求职和实习需求，便安排很少的课，而且老师的要求也不严，很容易请假，于是小新就充分享受着这种自由的日子。在网上投了简历之后，就开始做他喜欢的事——玩游戏、看视频、看球赛、与朋友聚会……忙得不亦乐乎。

其他大多数同学，除了上课外，还忙着投简历、跑招聘会、偶尔参加面试，但成功率并不高，他们只能屡败屡战。小新暗自嘲笑他们：你们那么忙乎，结果还不是和我一样。

到了毕业离校前一周，老师催他们办理离校手续。小新这时才发现：那些屡败屡战的同学，大都找到工作了。他们有的要搬到公司租用的宿舍，有的几人合租一套靠近工作单位的房子。只有小新等三四个同学没有着落。

这时候，小新开始着急了。他停下其他所有事务，开始全力求职。遗憾的是，早出晚归忙了好几天，还是没什么结果。因为大部分企业已经过了招聘季，现在机会更少了。小新因此乱了方寸，显得很忙乱，最后在一个电子修理店勉强找到一份非正式的工作。之所以说非正式，是因为他根本没经过正式的面试，老板只是告诉他：你可以来上班，而且随时可以走，但不交三金。没办法，小新只能先凑合着上班，等待以后再找别的机会了。

请思考并与伙伴讨论以下问题：

（1）条件不及小新的同学都能找到工作，为什么小新却不能？

（2）假如你是小新，你会怎么做？

第一节
认真做求职计划

课前思考　为了找到一份适合的工作,你打算做什么? 怎么做?

学习目标

　　按照求职的基本流程,为自己拟定一份求职行动计划,包括在什么时间、做什么、怎么做。

▣ 活动体验

就业讨论

　　最后一个学期开学了,同学们展开了异常激烈的讨论:A 同学觉得还是应该专心学习,以优异的成绩赢得就业机会;B 同学认为,成绩不重要,重要的是工作经验,所以现在就开始找工作,多实习;C 同学比较悲观,说每年毕业的大学生超过 1 000 万,我们没什么竞争力,就随便找个工作吧,找不到也没什么大不了的。……

请思考并加入这场讨论:

(1) 你怎么看大专生的就业机会?

_____

_____

(2) 你怎么看大专生的就业竞争力?

_____

（3）作为大专生，你自己会如何面对就业？

 生涯智慧

求职的过程与原则

在充分了解了自己和职业世界，定下了职业目标，并基本完成了专业学习之后，就该准备求职了。求职是个严肃的过程，其中的每个环节都不能马虎。

一、求职的一般流程

一般而言，应届毕业生的求职要经过以下五个环节（见图4-1）：准备—投简历—面试—实习—正式签约。这五个环节环环相扣，任何一个环节做不好，都会导致求职失败。不过有的公司也会增加或减少一些环节，比如一些小公司可能会省去实习环节，直接正式入职；一些大公司则会因为应聘的人太多，而在面试之前增加笔试环节，有时面试也要经过两轮或三轮的淘汰。

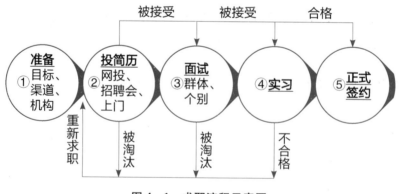

图4-1　求职流程示意图

二、求职中常见的问题

在进行就业咨询和培训的过程中,年轻人求职出现的典型问题有以下几点:

(1)心态不正。一类是求职态度不认真,随随便便地应付,导致频繁投简历却没有回音,即使偶尔有面试机会,也都被淘汰。另一类是过于看重求职,压力太大,导致面试时过分紧张,难以正常发挥。据调查,40%的高职毕业生感到就业压力大[1],26.7%的人感到焦虑[2]。我们应把求职作为专业成长的途径,以平常心面对结果,只要在过程中尽量积极应对,无论结果如何,都是最好的,因为我们能得到失败的教训,知道下次怎么可以做得更好。

(2)准备不足。具体的表现为:仍然没有想明白自己究竟要去怎样的机构和岗位[3];没能好好盘点自己的特点和优势,包括成就、能力、经历、个人品质,以及能够证明自己的文件或材料;对就业渠道了解不够,知道的种类不全,也不清楚怎样利用这些渠道;对自己应聘的机构、岗位缺乏了解,易导致面试出差错。

(3)简历针对性不强。具体表现为:①罗列比较多的信息,但重点不突出,也没能切合岗位需要。②没能充分彰显自己的优势,如与岗位要求相关的经历、证书、作品、突出表现等。③表达不清晰,用长句子叙述,不简洁、不实在;喜欢用形容词、副词,显得比较空洞。④用同一张简历申请不同的职位,而没能进行有针对性的取舍与加强。

(4)诚信不足。不少求职者为了在简历筛选中胜出,就在简历上列出了一些被夸大的耀眼资历。[4] 遗憾的是,一旦进入面试环节,这种浮夸会被考官发现,面试就很难成功。因此,诚信是求职的底线,不能无中生有,也不能夸大事实。其实,招聘者并不渴求应届生的能力有多强、经验有多丰富(这一点不同于招聘社会人员),他们看重的是你的态度是否积极、内在品质是否可靠、是否有发展潜力。因此,即使实力不够强,但实事求是地说出自己的打算及曾经做过的相关尝试,即使是失败的尝试,你努力的过程、收获或成长,也能打动招聘者。因为挫折也是一种有价值的经历。

(5)消极等待。典型表现是:在求职的每个环节(如投简历、面试),没有主动

① 孟蕴华.高职学生就业压力调查与研究[J].焦作大学学报,2011,25(3):52—54.
② 何秋香.高职学生就业焦虑状况调查研究[J].湖南邮电职业技术学院学报,2018,17(3):66—68,79.
③ 赵鹏娟、李永鑫.应届大学毕业生求职简历调查分析[J].人才资源开发,2009(12):38—39.
④ 张兰.应聘者与简历的诚信问题调查[J].质量译丛,2003(3):43—46.

打电话询问结果或征询反馈意见。之所以如此，可能是因为自己胆小、不自信，怕收到不好的反馈，或者轻视求职行动的细节。我们要积极认真地对待每次求职行动，并把求职行为作为成长的重要功课，及时总结经验教训，争取下次能表现得更佳。而且，当招聘者难以在你和其他应聘者之间取舍时，谁主动联系，谁被选中的可能性就更大。

（6）好高骛远。即缺乏持续积累的职业梯发展意识，对第一个岗位期待太高。具体表现为：仅仅瞄准知名度高的企业或者比较高的岗位，结果由于竞争者过多而没有入围机会；虽然面试过了，但由于对工资和待遇过于苛求，导致签约失败；在实习期放不下身段，对工作挑挑拣拣，导致实习考核不过关。

综上所述，要想找到合适的工作，需要做到：目标明确，瞄准就业岗位，不盲目上阵；充分准备，不草率应付；简历设计与面试要简明扼要，实事求是地展示个人优势；每个环节都认真对待，并主动而虚心地寻求招聘者的反馈意见；对薪资与工作安排要有发展的眼光，从大处着眼，小处入手，扎实干。

 行动项目 IIIIIIIIIIIIIIIIIIIIIIIIIIIIIIIIIIIIIIIIIIIIIIIIIIIIIIIIIIIIIIIIIIIIIIIIIIIIIIIIII

求职计划

行动任务

拟订一份求职计划。

行动步骤

将求职计划填在表 4-1 中。

表 4-1　求职行动计划表

目标岗位	
目标企业	
求职渠道	
个人优势	

求职行动步骤

步骤	什么时候	做什么	资源/方法/对象	预期结果
1				
2				
3				
4				
5				

第二节
精心设计简历

课前思考

怎样设计你的简历,才可以让招聘者看了之后,就产生想约见你的愿望?

以优秀的简历为标准,结合自己的求职意向,为自己设计一份符合要求的简历。

学习目标

🔲 活动体验

这份简历怎么样

个人简历

基本情况

| 姓名：李×× | 性别：女 | 专业：电子商务 |
| 民族：汉 | 政治面貌：群众 | 籍贯：××省××市 |

学过的主要课程：

电子商务概论、经济学、管理学、会计学、运筹学、统计学、英语、市场营销学、现代企业运作、计算机基础与应用、C 语言、网络与数据通信技术、数据库原理与网络数据库技术、电子商务原理、电子商务系统的分析与设计、网络营销基础与实践、电子商务与国际贸易、电子商务信函写作、电子商务营销写作实务、营销策划、网页配色、Dreamweaver 网页设计与制作、Web 标准与网站重构、FlashAction Script 动画设计、UI 设计、ASP 程序设计、电子商务网站建设、电子商务管理务实、会计电算化、Photoshop 图像处理、经济法、ERP 与客户关系管理

简历

2003 年 7 月生于××省××市

2009 年 9 月在×××学校读小学

2013 年在××初中就读

2016 年在×××职业技术学校读会计专业

2019 至今就读于××职业技术学院电子商务专业

职业能力

大学英语四级证书、助理电子商务师

性格特点

正直、善良、遵纪守法,喜欢旅游、看电影、看小说

联系方式:(手机)139×××××××× 邮箱:××××li@126.com

请思考并和同学讨论以下问题:

(1) 假如你是招聘人员,你喜欢这份简历吗? 为什么?

(2) 你的简历可以在哪些方面比这份更好?

 生涯智慧

什么是好的简历

这里讨论的简历不仅可以用于正式的求职,其基本逻辑也适合用于参加社团、

竞选学生干部、申请业余兼职等事项。好的简历是前期充分准备的结果。它一般有以下特点：

一、简

简历的意思是"简洁的履历"，可以让招聘官在几十秒内领略求职者的特点。无论我们的经历有多丰富，都应尽量把简历的内容控制在 A4 纸单面以内，而且不能太拥挤。简化的方法有：①按照岗位要求严格筛选内容，只列出相关的信息。比如，不要列上所有学过的课程，只列与岗位最相关的课程。②只列事实与数据，不空泛。③以列表和短语来呈现，不要用长句和长段。比如经历这部分可用四列短语来分别说明情景、任务、行动、成果（或收获）。

二、明

即关键的信息明确，包括目标岗位、体现岗位所需个人优势的事实与数据、姓名与联系方式等。当一个毕业生的目标岗位彼此矛盾时，如销售员和技术员，那就要针对不同的岗位，分别设计不同版本的简历。

三、实

即用事实和数据说话。包括：①用名词和动词表达，少用副词和形容词。②履历中不只是列出时间、机构、职位，更要列出业绩、收获或成长等重要内容。③要实事求是，不要造假或夸大事实。

四、亮

要有亮点或个人特色，切忌与别人雷同。要把我们对自己、职业目标、公司、岗位工作等事项的独特理解体现在简历中。比如，有的求职者专业成绩一般，那就可以写上自己在课外努力做了哪些与岗位有关的事；也可以写上不那么出色，甚至失败的相关经历，重在突出自己是怎样屡败屡战的。再如，如果自己所读的学校名气不大，那么去过哪些重要的企业或岗位，做过哪些重要的项目，或与哪些重要人物合作过，就是亮点。

可增加亮点的做法还有：①邀请重要的人物写就业推荐信。②在对求职公司和岗位进行认真研究以后，认认真真地写一份求职信。③把所有能证明自己实力的材料（如奖状、技能证书、实习鉴定、专业作品、重要活动的照片等复印件）集中起来，做成档案袋，附在简历后面。

五、细

即仔细,内容与形式尽量完美。具体包括:①推敲每一句话、每个字词,要确保逻辑合理、语法正确,没有错别字。如果对自己的检查不放心,还可以与同学相互审查。②如果要罗列多条同类信息,可按照重要性由高到低、时间由近及远的顺序排列。③字体、间距、色彩清爽、雅致,不要太呆板,也不要太花哨,最好能体现专业特色。比如可将白底黑字作为基本色,标题可以用彩色,但色彩不要超过三种。字体要限制在三种以内。④如果要打印纸质简历,注意纸张质量要好,要用信封或封皮保护,以免有褶皱或污渍。⑤如果是网投简历,不要寄送 Word 版简历,而要发送pdf 版,以免出现乱码。⑥照片一定要大方得体,确保体现自己的优良气质。⑦敏感机构和人物需要做匿名处理,比如"行业排名第三的××公司""《东方讲坛》嘉宾×××老师"等。⑧不要把与岗位要求矛盾的信息呈现在简历上。比如会计岗位要求耐心细致,简历中就不能出现介绍自己不拘小节之类的信息。⑨尽量用积极肯定的语言,不要用讨厌、放弃、悲观之类的消极词汇。⑩姓名和联系方式一定不能漏掉,而且要放在醒目位置,比如开头。

这里说的细节要求,不仅仅是做简历才需要的。实际上,它也体现了对做人、做事的一般要求。原则上说,要设计出好的简历,就要成为好的人。

 行动项目 ┈┈┈┈┈┈┈┈┈┈┈┈┈┈┈┈┈┈┈┈┈┈┈┈┈┈┈┈┈

设计你的简历

行动任务

明确你的就业岗位,并围绕它的需求,按照上文介绍的要求,设计一份求职简历。

行动步骤

(1) 设计简历,简历中要包括以下内容:

基本情况:姓名、性别、出生日期、民族、婚姻状况和联系方式等。

教育经历:按时间顺序列出初中至最高学历的学校、专业和主要课程;所参加的各种专业培训。

实践经历：按时间顺序列出参加工作（包括实习）至今所有的就业记录，包括公司/单位名称、职务、就任及离任时间，应该突出所任每个职位的职责、工作性质、实际表现/收获等，此为求职简历的精髓部分。

其他：个人特长及爱好、其他技能、专业团体、著述和证明人等。

（2）完成以后，与同伴交换简历，互相提出完善意见。

第三节
拓宽求职渠道

课前思考

要增加简历入围的机会,可以通过哪些渠道投递呢?

运用本节讨论到的各种渠道,找到至少 20 个简历投递去向,并查清机构名称、岗位和联系方式等具体信息。

学习目标

活动体验

求职宛如侦探

别的同学就业都还没有着落,而小旭却已经有多家企业可挑选了。同学请他介绍相关企业,他在两天之内提供了企业的招聘信息与联系方式,因此,他被称作"求职侦探"。在同学们的推荐下,老师专门组织求职座谈会,请小旭介绍经验。小旭介绍经验如下:

● 做一份专业通讯录,列出并不断更新所有相关机构和联系人的电话、地址及邮箱。

● 只要有空就去参加招聘会——校内的、兄弟院校的、行业的、综合性的、邻近省市的等。

● 盘点和留心每个认识的人,如有可能,就请他们提供帮助。

● 把自己的求职需求和简历在多家中介机构和网站上登记。

● 随时留心招聘动态,在看新闻、上网、微信、上课、聊天时,随时注意招聘会、就业单位的变更等信息。

(下略)

请思考并讨论：

(1) 小旭的哪些经验是你马上可以借鉴的？

_____

_____

(2) 小旭为什么像个侦探？

_____

_____

(3) 你也可以成为求职侦探吗？

_____

_____

 生涯智慧 ｜｜

拓展求职渠道的策略

设计简历之前的工作都可以在校内完成，投简历才是真正踏上社会的第一步。而简历投到哪里、投向多少家机构，决定着我们有多大的可能性入围面试。因此，求职渠道这一关至关重要。求职渠道不能太单一，否则就可能错失许多职业机会。概括而言，求职渠道有以下几种，都可以适当利用。

一、用好黄页工具书

本节案例中小旭的通讯录，实际上就是一份自制的黄页，以方便求职联系和投放简历。除了平时通过阅读、搜索、人际交往积累一些相关的机构和人员信息外，还可以利用专门的黄页，如《中国工商黄页》《中国电信黄页》《全球中文互联网网址黄页》等综合性的黄页，《上海大黄页》《宁波大黄页》《富顺县企业黄页》等地方性的黄页，《建筑黄页》《农业黄页》《中国贸易黄页》《中国制冷暖通空调黄页》等行业性的黄页。

这些黄页寻找的来源有：学校图书馆、本市图书馆、书店及网络。网络黄页可以通过搜索引擎或数据库查找,如《中国黄页》《八方资源网》等。

由于黄页信息量很大,有必要像小旭那样,根据自己的专业和求职意向,选择一些重要的条目作为自己的专用通讯录,并不断更新。

二、中介机构或人力资源网

现在的人力资源中介机构与网站很多,网络平台有前程无忧、猎聘、智联招聘、中华英才网、中国人才热线、应届生求职网等。同时,对于微信、QQ 等社交平台,只要善于利用也是一种求职渠道。

每个地区、每个城市还有一些叫作"××人才市场""××职业介绍所"之类的公共职介机构。我们可以在那里登记求职需求、提交简历。如果有必要,也可以请一些专门介绍工作的人力资源机构介绍工作和实习机会。

此外,学校一般都有自己的就业部门和网站主页,可以充分利用其发布的招聘信息和招聘会资源。

三、保持信息敏感度

如果要掌握最新的招聘信息,就需要随时关注新闻、社交、网站等各种渠道中的与自身求职目标相关的招聘会信息,以及企业及其部门新建与变更的信息。比如,在有求职意向的行业中新成立了一家企业,这时如果把简历投过去,成功率就很高。再如,某同学曾在一次面试中被淘汰,但最近得知那位应聘成功的求职者决定去其他公司了,这时如能主动联系那家公司,就有可能重新获得录用机会。

要保持信息敏感度,就需要提升搜索技能与整理技能。这种技能包括:①善用搜索引擎,如百度、必应等网页类的,超星、万方等书刊资料类的。②在媒体、图书、交谈中善于搜索关键词,比如:Word、PDF 阅读器、微信中都有搜索功能;在听新闻、浏览网页时也可以做笔记。③在平时的阅读、交往、工作、思考中,可以留心、记录、整理重要的想法、方法和信息。

四、强化联络意识

个人能力和社会关系对就业的影响都很大,而对于初次就业,社会关系(也叫社会资本)比个人能力的影响更大,尤其反映在对于地区、行业和机构的选择方面。[①]

---

① 黄敬宝.人力资本和社会资本视角下的大学生就业研究[M].北京:中国社会科学出版社,2014:205—209.

　　联络指的是建立、拓展、巩固、优化人际网络，也叫人脉。调查研究表明，人脉因素对求职影响很大，而且通过人脉获取的就职机会，成功率最大。[1][2] 很多同学最后获得的工作就来自以前的实习单位。

　　要积累人脉，除了平时的积累，还可以利用一些技巧：生活职业网（见图 4-2）、家族职业树（见图 4-3）。

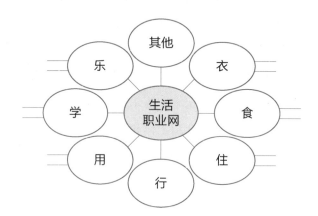

图 4-2　生活职业网示意图

图 4-3　家族职业树示意图

　　① 李佩繁.劳动力的社会资本及其与求职状况关系研究：基于 2008 年中国综合社会调查（CGSS）的数据分析[J].中国矿业大学学报（社会科学版），2013(2)：50—58.
　　② 钟云华，余素梅.大学毕业生求职渠道选择及其影响因素研究[J].高教探索，2008(3)：109—114.

　　建立生活职业网，就是在衣、食、住、行、用、学、乐等方面的生活中，保持积极友善的沟通，主动观察、了解他人的工作与见闻，并记录和保存与自己的专业学习、就业相关的信息。在与他人建立了良好的关系后，也可以从他们那里得到就职机会与信息。比如关于吃，我们会接触到蔬菜商贩，然后往前追溯，可以接触到送货商、种植基地的管理者和农民，往下追溯，可以接触到饭店、厨师、服务员、收银员等。再如，我们外出旅行时可以接触到旅行社及其员工、酒店及其员工、司机、导游、售票员、景区商贩、景区管理员、园艺师、饲养员等。只要善于观察和倾听，哪怕在旅行的路上，我们都可以通过听别人打电话来了解他的工作、所在单位、工作内容、工作方法、员工需求与条件等。这种生活职业网是每个人都可以运用的。

　　家族职业树也是每个人都可以运用的，相对而言，在城市长大的同学会更加受益。我们可以找出从祖辈到父辈再到同辈的所有家庭成员和亲属，同时列出他们所读的专业、就职的单位与岗位，甚至可以把他们的职业放在网上搜索，以便了解他们的职业代码和类型。我们还可以进一步约他们交谈，做职业访问，了解更详细的工作信息，甚至可以请他们带自己去单位见习和实习。如果有机会，也可以请他们帮自己介绍实习与工作岗位。

 行动项目

发送你的简历

行动任务

将设计好的简历发送给招聘单位。

行动步骤

（1）利用本节介绍的求职渠道，向每一种渠道至少发一份求职简历。

（2）在简历发送一周之后，主动联系招聘人员，礼貌地征询反馈结果。

 职场链接

　　我们需要把握各种企业招聘途径，这样才有可能得到更多的面试甚至入职机会。观看微课视频，了解企业招聘的途径。

▶ 企业通过什么形式
招聘员工或实习生？

第四节
从容面试

课前思考　如何在面试中有话可说，让考官对你感兴趣？

学习目标

运用本节介绍的方法，经历一次面试的过程——模拟或实战。

活动体验

模拟面试

小琴学业优秀，也曾做过一些兼职工作。但是半年来，她参加过近 20 场面试，却始终没能成功应聘。最后，她愁眉苦脸地来找咨询老师，询问应该怎么办。于是，咨询老师让她做一次模拟面试。下面是模拟面试过程的节选（Q＝考官，A＝面试者小琴）。

Q：请介绍一下你自己。

A：我都写在简历中了，就那样。

Q：你为什么要应聘我们单位？

A：不是要毕业了嘛，总要找个工作吧。

Q：请说说你有什么条件可以胜任这份工作（公司培训专员）。

A：我以前做过这样的工作，而且听同学说这样的工作也不难。

Q：既然你做过这样的工作，那请你说说以前做这份工作的具体情况。

A：就是听领导和同事的安排，叫我做什么就做什么。我就做了暑期两个月，开学后就不做了。

Q：假如你这次应聘成功，你对工作有什么具体的打算吗？

A：我是员工啊，能有什么打算，就听你们领导的安排呗。

Q：你能用一个词或一句话概括自己的特点吗？

A：我很随和，没有特点就是我最大的特点。

请思考并和同学讨论以下问题：

(1) 假如你是招聘主考官，你愿意录用小琴吗？为什么？

_____

_____

_____

(2) 假如你是小琴，怎样做可以提高录用的可能性？

_____

_____

_____

 生涯智慧

在面试过程中成就自己

能够进入面试环节的同学是很幸运的，因为这位同学可能就是在简历筛选环节中胜出的那几分之一乃至几十分之一。这值得高兴，也值得珍惜。然而就像唐僧一样，只有经过九九八十一难才能取得真经，下面还有面试官等着我们。

一、面试的流程

很多求职者在意的往往只是面试现场那几十分钟，而实际上面试本身也有多个环节，即简历筛选、电话预约、面试、结果反馈和签约面谈（见图4-4）。每个环节的表现都会给面试结果加分或减分，甚至决定面试的成败。

在简历筛选关入围的求职者，一般会接到一个预约面谈的电话，而这可能就是一次电话面试，即对方通过电话沟通来考察求职者的想法、态度、礼仪及表达能力。如果求职者只是随意地应付，就会失分，假如不能在接下来的面试环节中补救，就会导致面试失败。

结果反馈也是容易被忽视的环节。如果在这次反馈电话或邮件的沟通中，能适当表达自己友好的态度、诚恳求职的愿望、虚心求教的态度、再接再厉的决心与信心，那么对方可能会对这位求职者有良好的印象，为再次进入该公司留下了伏笔。比如，面试被选中的其他求职者违约了，那这位反馈积极的求职者就可能因此被补招进去。

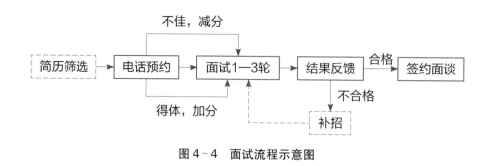

图4-4　面试流程示意图

此外，也有人会在签约面谈环节马失前蹄。比如，当自己期待的薪资远高于公司所给时，有的求职者就会拒绝签约，从而失去就业的机会。其实，这可以通过友好协商加以解决，如薪资没达到期望，那么可不可以争取带薪培训，或者代租员工宿舍等其他福利。即使最终没能协商成功，也可以先工作起来，等到一两年后，人力资本提升了，再商量加薪。

二、面试的类型

一提到面试，很多人就以为是一位求职者面对一个考官，进行自我介绍、回答问题。其实，除了这种形式外，还有其他面试形式。

（1）集体面试，即多个求职者一起面试，一般安排在个人面试之前。12人以下的一般叫小组面试，考察的是求职者的倾听与表达、领导力、主动性、责任感等社会性品质，这些品质是管理、销售、公关之类的岗位所需要的。12人以上的面试往往叫集体面试，除了考察求职者的沟通与管理能力外，还有淘汰作用，没有表现或表现不佳的往往就没有机会参加后面的个人面试了。

（2）附加笔试。安排笔试的情况往往是：应聘者太多，没办法——安排个人面试，就先通过笔试淘汰一批；有些专业强的岗位（如外语、医学、工程）需要通过笔试来考察专业能力。

（3）多轮面试。多轮面试有两种情况：①人事部门的面试和业务部门的面试分开进行。②公司为了从比较多的应聘者中挑选出最好的几位求职者,就安排1—3次面试,进行层层筛选。因此,如果你应聘的是大公司,则需要有连续作战的心理准备,而且要一次比一次表现得好。

三、面试的原则

面试最终决定着求职者能否获得就职机会,因此既需要全面考虑,也需要注重细节。要想提高面试的成功率,可以从这几个方面努力:

(1)历练中成长的心态。面试也是考试,的确不易,但这就像百炼成金一样,面试也是优秀员工的磨刀石和筛选器。不经过面试,你很难知道自己究竟有多优秀、有多大的潜力,也就难以从平庸中脱颖而出。许多毕业生就是在面试的经历中改掉了毛病,丰富了经验,增进了勇气,增加了自信,变得更加职业化,更加老练。因此,无论面试经历了什么,都值得珍惜和学习。即使失败了,也可以通过总结和反思学到很多东西。

(2)充分准备。我们要及早、充分地准备面试。一般而言,自投简历起就该开始准备面试了,因为随时都可能接到面试的电话通知,而这个通知就是面试的一个环节。除了考虑清楚就业目标、设计好简历之外,具体的准备工作还有:①通过网络或到现场观察相关的行业人士(如同行、客户和供应商)等各种途径,了解这家企业,仔细研读对应岗位的说明书[①],尤其是其中对人员的要求。②准备好正装。③准确记录和保存面试单位和联络人的联系方式。④了解清楚交通路线、面试流程和筛选标准,做必要的面试问答演练等。

(3)表现出得体的礼仪。除了重视面试中的每一个事项,也要友善而敬重地对待面试过程中遇到的每个人。具体表现在:①心态平和,积极友善。②见面打招呼,离开说再见。③着装、打扮、坐姿、走姿得体,不随意、不奇特。④全过程安心、专注、耐心,表情自然。⑤用心、耐心地倾听和理解对方。⑥对于对方提出的问题,积极、认真地思考,清晰而有逻辑地表达。⑦遇到难题或意外时,要尽全力地沉着应对,不要乱了阵脚。[②]

(4)必要的模拟演练。面试演练就是把面试过程从头到尾地模拟一遍或多遍。每一次演练都力求发挥优势,提高要求,发现问题,不断改进。面试演练可以通过

---

① 刘卯秀.新编岗位说明书精选[M].广州:广东经济出版社,2006.

② 孙祺奇.面试礼仪:帮你找到好工作[M].北京:中国经济出版社,2014.

同学小组扮演来完成，但最好有已入职的员工、老师、人事管理者在旁观察和点评。对于从未经历过面试的同学，以及面试多次失败的同学，很有必要做面试演练。如果有时间，还可按照面试的要求提前一周去一趟公司，体验一下交通，认识一下公司，感受一下场景，找一找面试的感觉。对于那些容易紧张的同学，尤其有必要。

（5）尽力争取机会的主动性。这里强调两个方面：①在竞争情境下，凡是机会都需要主动争取，因此，要始终保有希望和信心，保持主动争取的态势，尽力做出一切可能的努力。②主动性贯穿始终。面试最后的成功，是从始至终全过程积累的综合结果，因此，不能仅注重个人面谈的那几十分钟。

（6）追踪才算善终。无论处于哪一轮面试，如果在之后的一周左右时间里，人事部门没有反馈结果，那最好主动联系他们，通过电话、E-mail、微信都可以。即使是收到被拒绝的消息，也不要沮丧或消极，仍然要保持虚心求教、积极争取的态度，认真听取对方的反馈意见，征询其改进的建议，并表示谢意。同时让对方知道自己对进入该公司的真诚意愿及会再接再厉的态度，以给对方留下积极的印象，埋下友谊的种子，为下一次机会积累条件。

 行动项目

求职面试小组演练

行动任务

5—6人组成一组，并分为两队，分别扮演求职者和面试者。基于自己的目标岗位，模拟一遍面试流程，并通过讨论，总结面试过程中的优缺点和改进意见。

行动步骤

（1）选定应聘岗位。

（2）分组：5—6人组成一组，分别扮演面试者和求职者。

（3）准备并研读相关材料：招聘广告、职位说明、面试流程、评分标准。

（4）选择和布置面试场地。

（5）按流程安排面试。

（6）总结、讨论面试表现，并提出改进意见。

第五节
在实习中快速成长

课前思考

如何在职场中快速学习与成长？

学习目标

找到至少一次的实习机会，并在认真实习的同时，写下实习日记，总结自己学到了什么、怎么学的，以及怎样可以学得更好。

活动体验

学霸遇到了坎

小秀学业成绩优异。毕业前，经老师介绍，她来到一家公司实习。由于老师说小秀很优秀，公司对小秀很器重，让她做经理助理。小秀也很认真，决心好好工作。第一周部门会议上，小秀就接到一项重要任务——草拟一份新业务的项目发展方案，一周后提交部门会议讨论。

这可是小秀第一次做这样的工作，等于从零开始。她翻阅教科书、查询网络，搜集了很多相关资料，并一份份阅读。每天主动加班，工作到很晚。同事见她这么卖力，也很少打扰她，让她安心工作。

到了该交方案的前一天，经理问她方案草拟得如何？她说还没好。但经理依然要求她第二天一定要打印出来让大家讨论。结果在第二天的会议上，小秀的方案让大家既惊讶又失望——根本"不上路"。大家提意见的时候，小秀紧张得一句话也不敢说，甚至不敢抬头看对方。

从此以后，小秀没了自信，工作更加紧张，也更加卖力了，但是结果却是让大家更加失望——每项工作都努力到最后期限，但都达不到领导和同事的期望。一个半月以后,她被公司辞退了。

请思考并和同学讨论以下问题:

(1) 小秀既然学业优秀,为什么工作却如此狼狈?

_____

_____

_____

(2) 假如你是小秀,有什么更好的应对办法吗?

_____

_____

_____

 生涯智慧

在工作中增进实践知识

许多实习生之所以进步缓慢甚至被淘汰,就是因为不善于学习与改进。而他们之所以如此,是因为不适应职场的工作与学习的特别逻辑,甚至以为工作是工作,学习是学习(就像在学校听课读书),把工作与学习分割开来,甚至感到彼此矛盾。实际上在职场中,工作与学习往往是一回事:工作是看得见的行为与成果,而学习则是学会怎样工作,以及怎样做得更好的思路与方法。学习从行为上往往是看不见的,只能在心里感觉到,因此容易被忽视。如果把职场学习理解为学校那样的上课,除了短期的培训,就没机会学习与成长了。所以职场学习往往是分布于工作的每一环节中,体现为点点滴滴的有意识改进工作的行为。

一、职场即学校,工作即学习

职场工作程序是复杂多变的,牵涉的事项、人员、时空也是多种多样的,刚入职的实习生往往摸不到头绪。但只要专注、细心地观察、思考与交流,便能很快大致把握。我们可以把职场工作系统概括为承担与提案、投入工作、人员交接、交付(汇报)等环节(见图4-5)。其中的每一个环节,以及每一环节接触到的一切人与事都需要我们多观察和学习。比如,只有平时不断地主动钻研工作,对工作有想法,才有条件在必要时承担工作任务,提出工作方案。再如,在与同事、合作商、客户进行交接事项时,只有积极认真地倾听、表达和合作,才能越来越了解情况,积累经验,熟悉同事、组织和客户。

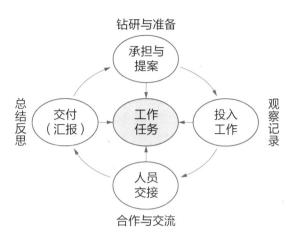

图4-5　职场学习与工作示意图

二、学什么

职场学习的内容广泛而复杂,它不像学校教育那样有规定的教材、划定的考试范围。职场学习概括起来主要有三个方面:①做好业务工作,包括提升质量,提高速度,拓展范围,形成有效的工作流程与方法规范。②学会有效地与同事和外部客户进行沟通与合作,同时又能发展友谊和团队文化。③自我发展,即在尝试、观察、总结反思的基础上,进一步认识自我,明确发展方向,打造自己的工作能力和风格。

三、怎么学

既然职场学习的场景多变、内容广泛,那么学习的方法也是多种多样的,远不限于学校的听讲、阅读等方法。其中最常用的学习方法有:①研读各种业务资料文件,如公司文件、网页、部门工作案例、客户文书等。在研读过程中如有疑问,就要虚心向领导和同事求教。②向他人学习。平时注意通过看、听、问,了解同事是怎么工作的,领导有什么期待,客户有什么要求。当在工作过程中遇到疑问和困难时,更需向他人求教,并认真记录和领会。工作完成后,也要及时汇报,并诚恳听取反馈意见。③向自己学习。即把自己和自己的工作行为作为功课,通过观察、记录、写日志的方式,总结经验与教训,产生改进的思路与方法。④充分利用业务交流与培训的机会。有的公司会定期组织工作会议,其中的案例分析、问题分析、工作规划等内容都有学习价值。为此,我们可事先做必要的准备,与会时认真倾听、记录,并在适当的时候提出自己的疑问、想法。此外,有的公司会安排员工培训,外部同行也会举办研讨会或培训,对于这些培训与会议,只要有机会,都应尽量认真参与。

四、如何面对失误与挫折

作为第一次走进职场的实习生，工作中有失误甚至失败，都是正常的。为此，我们要做到以下几点：①要有可能失误的心理准备，积极而坦然地面对挫折，勇敢地认错和承担责任。②凡事认真对待，竭尽全力。如果认真做了，即使失败了，也可以问心无愧，坦然面对。③出了错，自然会受到批评。面对批评，不要太在意面子和情绪，要把注意力放在"该怎么办"上，虚心听对方评价，分析原因，并诚恳地请教补救办法和改进建议。④不惧挫折（吃一堑），积极自信地向前看（长一智），要聚焦于接下来怎么办，做好整改计划，并积极尝试改善性的行动。

 行动项目 |||||||||||||||||||||||||||||||||||||||||||||||||||||||||||||||||||||||||||

写一篇工作日志

> 行动任务

记录并分析你工作的一天是如何度过的。

> 行动步骤

（1）用笔记本（随时记要点）或录音设备（录音）记录一天工作的全过程。

（2）晚上回家后，回顾并分析一天的生活：

- 你究竟做了哪些事？做得怎么样？

- 从中你有哪些收获或改善？

- 你用的是什么工作方法？还有更好的方法吗？可以怎样找到更好的方法？

- 从中你学到了什么？你是从哪里学到的？——什么事？什么信息源？什么人？

- 假如明天的工作与今天类似，你打算怎么做？

（3）与同事或师傅交流你的工作日志要点，听取反馈意见。

 职场链接 |||||||||||||||||||||||||||||||||||||||||||||||||||||||||||||||||||||||||||

实习是让我们快速成长的重要机会，能让我们迅速将学校学到的理论知识转化为实践技能。观看微课视频，了解企业有哪些学习和发展的条件。

▶ 在企业中，有哪些学习和发展的条件？

第五章
创业设计：成长为创业型人才

稳定的工作没有了，怎么办

小斌来自普通工薪阶层，他不求大富大贵，只求工作稳定，能够养家糊口。大专毕业后，他经过长时间的努力，终于进入了一家大型国企的分厂——焦化厂。在焦化厂，工作虽然要轮流加班，但还算有规律，下班后还能玩玩游戏。工资虽然不算高，但随着工龄的增长，也在不断稳步地增加。他很满意这样的状态，打算就这样工作到退休。

5 年后，在小斌结婚后不久，由于环保需要，他们企业开始减产，而一些污染严重的分厂逐步关闭或搬迁。由于不愿意去郊区、外地，他设法留在不搬迁、晚搬迁的分厂。又过了 4 年，他所在市区的分厂全部关闭，他被迫失业，不得不重新找工作。

从这次失业的经历中，他认识到，即使是国有企业也不够稳定，自己需要进一家更加稳定的事业单位。经过一段时间的转岗培训，再加上领导与熟人的推荐，他到一所职业学校做图书管理员，开始了朝九晚五的学校生活。又过了 6 年，当地政府决定把本地几所职校合并起来，这几所学校的图书馆也合并为一个，图书馆员就多出来了，必须裁员，结果学历最低的小斌又失业了。

稳定就业的梦又破灭了！小斌今年才 33 岁,接下来的路该怎么走呢?

请思考并与伙伴讨论以下问题:

(1) 小斌为何一再失业?

(2) 你怎么看待他的一种工作做到退休的职业梦想?

(3) 假如你是小斌,你会怎样应对失业的风险?

我们已经处在不同于过去任何时代的 21 世纪,新时代可以让我们享用前所未有的资源便利,但同时也对我们提出了许多新的课题与要求。从本章开始,我们将讨论如何主动而有效地适应未来多变的信息社会。

第一节
在变革的时代发展创业精神

职业世界变化的速度不断加快，我们该如何面对这样的变化？

能够解释当今社会为什么需要创新、创业。

学习
目标

活动体验

爱好与专业

小玲一直很喜欢画画，常利用业余时间不断地画画，尝试各种类型的主题与画法。画得多了，就在个人博客里展示了一些。

高一的时候，一些设计公司看中了小玲的作品，邀请她为他们公司设计一些作品。由于在学校不能上网，也不能用手机，她只能尽量在学校早点把作业完成，以便回家可以抽出时间画画。就这样，虽然忙一点，但稿费源源不断地打入了小玲的账户。

到了高一下半学期选科时，她决定报考视觉艺术类专业，但父母不同意，认为艺术不是正经的专业，只适合学习不好的同学。小玲坚持自己的想法，亲子之间互不相让，妈妈就把小玲的绘画用品全部送掉了。

请思考并与伙伴讨论以下问题：

(1) 小玲的作品已被设计公司看中，为什么仍不能赢得父母的认可？

(2) 请你预测一下：小玲选或者不选艺术专业，对她将来的发展会有什么影响？

(3) 你会给小玲一家提什么建议？

🎓 生涯智慧

在纷繁变革的时代把握发展方向

一、信息时代的变化与需求

我们正处于一个广泛联系而又快速变化的时代。就工作世界而言，许多工作在消亡（如货郎、电报员、打字员等），同时也有更多的职业在不断地涌现出来（如数据分析师、声音设计师、直播销售员、用户体验设计师等）。从图 5-1 可以看出，在现今人们从事的大部分工作中，有 60% 以上是 1940 年以后才出现的。自 1940 年到 2018 年，在农业、矿业、加工制造业等传统行业，从业者大幅度消减，而且有一半左右的人是处于新兴的岗位（如农业技术员、农业机械师等）；而商务（秘书）、管理、专业技术岗位的从业人数有大幅度增长，且大多数人在新兴的岗位上工作。总的说来，新时代发展过程中创造的岗位比失去的岗位多。但新岗位需要新的人才，需要新的知识与技能。

那么，我们该怎样适应这种复杂而多变的时代呢？从国家与国际组织的重要研究报告可以领略其中的趋势与需求。比如，联合国开发计划署于 1978—2021 年出版的 44 份《人类发展报告》反映了当今社会的变化与需求：①急需解决的社会问题是全球发展的首要主题。②如何应对新时代的变化。③国家和各类组织该做些

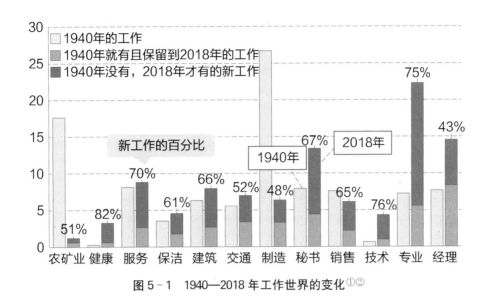

图5-1 1940—2018年工作世界的变化[①②]

什么。其实,国家和国际组织只是发挥政策引领和服务支持的作用,真正要采取行动的则是社会各界的企业[③]、非政府组织[④],乃至个人[⑤]。

表5-1 44份《世界发展报告》的主题统计[⑥]

社会问题 19 份		社会变革 14 份		政府与政策 11 份	
贫困问题	7	全球化与区域国际化	5	政策与决策	2
农民与农村发展	3	工作变化与员工发展	3	政府与法制	2
环境	2	数字/信息化	2	市场化	2
公平	2	知识与教育发展	2	财政与金融	2
健康	2	可持续发展	1	基础设施	1
安全与社会风险	2	青年发展	1	投资环境	1
人口问题	1			外贸	1

① Autor D, et al. The Work of The Future 2020 [EB/OL]. [2021 - 09 - 15]. workofthefuture. mit. edu/wp-content/uploads/2021/01/2020-Final-Report4. pdf.

② 说明:纵坐标表示"占就业总人口的比重";横坐标表示"工作岗位",其中"技术"指技术操作,"专业"指研发。

③ 李秋华. 民营企业社会责任研究[M]. 杭州:浙江工商大学出版社,2019:187—207.

④ 赵黎青. 非政府组织与可持续发展[M]. 北京:经济科学出版社,1998:67—89.

⑤ 朱莉·费希尔. NGO与第三世界的政治发展[M]. 邓国胜,赵秀梅,译. 北京:社会科学文献出版社,2002.

⑥ United Nations Development Programme. Human Development Reports [EB/OL]. [2021 - 10 - 15]. http://hdr. undp. org/en/global-reports.

当今社会最突出的变化恐怕有三个方面：全球化带来的世界范围内的更广泛、快速、便利的联系，信息技术革新与推广带来的便捷和迅速变革，以及广泛、快速变化带来的消极影响——环境破坏、资源紧缺、发展不平衡与人类安全等社会问题。换句话说，机遇与挑战并存。处于其中的每个人只有积极地应对，才能适应与发展。

二、当今时代需要创业精神

身处 21 世纪的我们，已经进入了创业的时代、创业的社会。适应当今工作世界最典型的方式是确立和发展创业精神。创业精神也叫企业家精神，是主动关注变化、问题或新事物，并对其做出积极反应，进而将其变为机会的倾向和行动。[①] 如果要更严格地界定创业精神，其含义为在资源有限的情况下追求新颖事业的机会。[②] 创业精神是当今时代所必需的。

创新是创业的首要特征。它不仅是创办企业所必需的素养，也是企业生存的必要条件。[③] 所谓创新，就是产生新的想法与行动，并且具有新颖性和实用价值。[④] 创新不神秘，只要愿意并不断尝试，创新是可以不断发展的，人人都可以成为"创意大师"。[⑤] 所谓创业，就是工作世界的创新。

创新虽然是企业家的典型特征，但并非企业家所独有，任何人都可以通过学习和锻炼而具备创新和创业精神。同时，也并非所有的企业主都有创业精神，只有那些敢为人先、勇于创新，并把创意化为现实的企业家才真正具有创业精神。

从图 5-2 可以看出，我国虽然走出了资源要素驱动的发展阶段，但仍处于经济发展的第二阶段——效率驱动型经济，与发达国家（创新驱动型经济）相比，还有较大的差距。在我国的成年人中，创业活动的参与率只有 11%，这一数字不仅低于多数发达国家，低于同一经济发展阶段的国家与地区的均值，也低于一些发展中国家

① 彼得·F.德鲁克.创新与创业精神[M].张炜,译.上海：上海人民出版社,2002：25—44.
② Eisenmann T. Why Startups Fail：A New Roadmap for Entrepreneurial Success [M]. New York：Currency，2021：21.
③ Scarborough N M，J R Cornwall. Essentials of Entrepreneurship and Small Business Management [M]. New York：Pearson Education，2019：116—122.
④ 罗伯特·J.斯滕博格.创造力手册[M].施建农,等,译.北京：北京理工大学出版社,2005：3.
⑤ 罗伯特·斯滕伯格,陶德·陆伯特.创意心理学：唤醒与生俱来的创造力潜能[M].曾盼盼,译.北京：中国人民大学出版社,2009：5—6.

(如印度、巴西)。① 也就是说,我们有必要进一步发展创业精神,发展创新型经济。

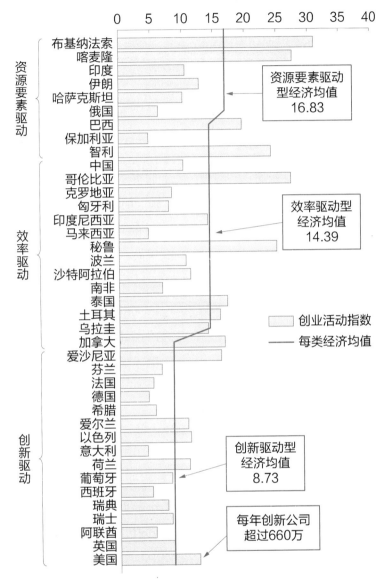

图5-2 处于不同发展阶段的国家与地区创业活动指数

三、伟大的小微创业

中小微企业已经成为我国经济发展的主体。据统计,2018 年末,我国中小微企

---

① Scarborough N M, J R Cornwall. Essentials of Entrepreneurship and Small Business Management [M]. New York: Pearson Education, 2019: 27.

业共有 11 020.1 万家,而且还在加速增长(见表 5-2),其中作为小微企业的个体工商户和农民合作社占绝大多数,即 68.5%。

表 5-2　2018 年中国中小微企业的构成与增长①

	企业	个体工商户	农民合作社	合计
数量(万)	3 474.2	7 328.6	217.3	11 020.1
同比增长(%)	14.52	11.39	7.73	12.28

　　中小微企业不仅数量多,而且其对国民经济的贡献也很大:中国中小微企业的产值占国内生产总值的 60% 以上,贡献了 50% 以上的税收,提供了 80% 以上的就业岗位。中小企业极富创新精神,它们完成了 65% 的发明专利,研发了 85% 以上的新产品。小微企业继续保持快速增长的势头,每天有 1.8 万家新企业诞生。②

　　正是因为小微企业的无限发展潜力,我国政府不断加大对小微企业的支持。2014 年出台了鼓励创新创业的政策,2017 年 9 月 1 日又修订了《中华人民共和国中小企业促进法》,进一步加强对中小微企业的扶植,包括税收减免、资金支持、创业与创新扶持,以及各种服务和保护措施。③ 2021 年,财政部又出台了《中小企业发展专项资金管理办法》,进一步推动中小企业的发展。④ 可以说,我们已进入了创新创业的时代。

四、创新的类型

　　创新创业的表现形式多种多样。我们在任何行业、组织、岗位的任何阶段都可以发挥创业精神,进行突破性创新。不过根据工作者个性和工作内容特点,可以把创新分为四种:基础原创性研究、技术开发、产品设计、市场突破(见图 5-3)。

　　(1)基础原创性研究偏重发现普遍适用的规律,需要创新者广泛而深入地钻研某一领域的理论与实践,具有深厚的学术素养和长期钻研的吃苦精神,最适合 I 型的人(对应类型的具体特点见表 2-1)。基础理科和基础文科的学者就是这种类型。

---

　　① 林汉川,等.中国中小企业发展报告 2019[M].北京:北京大学出版社,2020:4.
　　② 刘元春,孙文凯.我国中小微企业发展现状、问题与对策[R].中国人民大学国家发展与战略研究院政策简报,2019,7(9).
　　③ 全国人大常委会.中华人民共和国中小企业促进法[M].北京:中国民主法制出版社,2017.
　　④ 中华人民共和国财政部.关于印发《中小企业发展专项资金管理办法》的通知[EB/OL].(2021-06-04)[2021-10-12].http://www.gov.cn/zhengce/zhengceku/2021-06/19/content_5619517.htm.

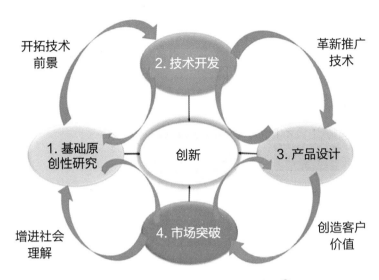

图 5-3 创新的基本类型及其关系[①]

(2) 技术开发则是把科学原理应用于实践领域,解决工程技术问题,或开发能被广泛应用的技术工具或产品,I 型、R 型和 C 型的人都可以从事该类型的岗位。工程类的专业和工作就是这种类型。

(3) 产品设计则是根据市场和客户的需求,进一步把新的技术成果用于设计、制作或改进可以直接使用的终端产品,最适合 R 型和 A 型的人。产品设计师、广告设计师、包装设计师、模具工、钳工等都属于这类岗位。

(4) 市场突破则是把产品或服务项目以尽可能有效、便捷的方式交付给客户,需要不断改善商务策略和沟通方式,最适合 E 型和 S 型的人。市场专员、销售员、客服等都属于这类岗位。

 行动项目 ┈┈┈┈┈┈┈┈┈┈┈┈┈┈┈┈┈┈┈┈┈┈┈┈┈┈┈┈┈┈┈┈┈┈┈

访问企业主

行动任务

到创业园区或企业现场获得创业的直观认识。

---

① Kakko I, et al. How to Elaborate the Creative Innovation into Postnormal Economy [EB/OL]. (2016-09-01)[2021-10-13]. https://www.researchgate.net/publication/306120020_How_to_Elaborate_the_Creative_Innovation_into_Postnormal_Economy.

行动步骤

方法：参观创业园区或企业现场，并与企业主进行面对面的访谈。

活动组织方式（可选）：

（1）通过家人、亲友介绍，或利用周末（假期）的实习，找到企业主。

（2）学校老师组织学生到企业或创业园区参观访问。

（3）邀请企业主或创业的校友来学校与学生座谈。

参观的内容：地理和物理环境，以及部门设置、办公室设施与人员工作概况。

访问提纲：

- 请介绍一下您的企业。

- 请您叙述一下贵公司的发展历程。

- 当初创办企业的主要动机是什么？

- 在创业过程中有哪些经验或教训？

- 贵公司未来发展的规划是怎样的？

- 您作为老板，有什么样的特点？

- 对年轻人创业有什么建议？

第二节
从创新到创业：积聚创业条件

课前思考

要成功创业，需要做什么，怎么做？

学习目标

对照实际情况和创业要求，确定创业发展的目标，制订创业发展的计划。

活动体验

实习即创业

小群学的是商务外语专业。二年级时在一家培训公司实习，培训的对象是即将做妈妈的怀孕妇女，培训的内容是如何养护和教育孩子。在实习期间，小群尽心尽力做好一切服务工作，赢得了学员的好评，甚至有的学员（公司的老板）还邀请小群去自己的公司工作。

小群从实习中了解到，家长越来越重视孩子的教育，而目前的教育服务项目却难以满足家长的需要。小群就想为此做些什么。经过长时间的思考和策划，并结合自己喜欢做西点的爱好和特长，她提出了一个体验式亲子活动项目——烘焙屋。得到老板的认可后，她就和一个同事忙活起来：烘焙屋名称与标识，项目运作方式与规范，开办流程，场所选择与租用，设施、工具与材料的购置，广告设计与发放等，都要从零做起。他们亲历了每一个环节，几个月后，烘焙屋终于开始运行了。他们的基本做法是通过朋友圈和网站发放广告，客人可以通过网络预约烘焙活动。在烘焙屋，顾客在烘焙师傅的指导下一边做西点，一边聊天。烘烤以后大家一起吃，吃不完可以带回家，所有的食材都是新鲜、健康的。就这样，烘焙屋一直运行到小群毕业。毕业时，家人和老师不赞成小群开办公司，觉得太累、不稳定，就介绍她到一所学校工作。

在学校工作期间，小群觉得学校工作虽然稳定，但太封闭，缺乏新鲜感，于是尝试为学生开了烘焙选修课，把自家厨房作为实习场所，她的烘焙课成了最受学生欢迎的课。但小群还是不满足于此，最终辞去了学校工作，想重新开始创业。

请思考并与伙伴讨论以下问题：

(1) 小群为什么要开办烘焙屋？

---

(2) 这个烘焙屋与一般的西点屋有什么不一样？

---

(3) 你怎么看待小群放弃烘焙屋而去学校就业，后来又辞去学校工作的职业经历？ 如果是你，会怎么选择？

 生涯智慧

创业机会在等待有准备的人

一、如何延长企业寿命

许多有创新精神的人之所以放弃创业，其中很重要的原因是害怕失败。据调查，虽然我国中小企业数量巨大，但水平不高，寿命较短：我国中小企业的平均寿命只有 3.7 年，而日本为 12.5 年，美国为 8.2 年，德国 500 家优秀中小企业有四分之一都存活了 100 年以上。[①] 其实在世界范围内，也有许多成功经营多年的企业，如

---

① 中国中小企业协会. 后危机时代中小企业转型与创新的调查与建议报告[EB/OL]. (2011 - 04 - 01) [2021 - 10 - 13]. https://www.ca-sme.org/content/Content/index/id/3286.

澳大利亚霍顿汽车公司已经存活了 165 年,日本推广有机种植的非营利性社会企业守护大地协会也有了 46 年的历史。在中国制造业企业 500 强中,民营企业数量超过了三分之二,收入和资产也接近一半(见图 5-4)。可见,虽然很多企业寿命短,但还是有长寿之法的。只有那些准备不足、盲目创业的人才容易失败。

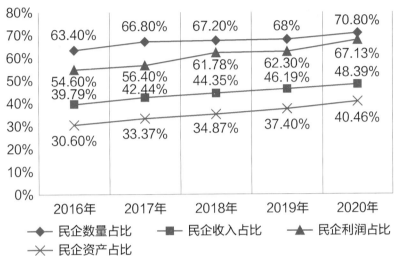

图 5-4 2016—2020 年中国制造业企业 500 强中民营企业的比重①

如果我们理解创业的过程与条件,知道该怎样规避风险,成功率就会大大增加。因创业涉及面广、过程复杂,使得许多创业者会因缺乏全面而持续的策略而造成虎头蛇尾的结果。我们需要知道,创业中任何一个环节出问题都可能导致失败。在起始阶段,创业者往往热情高涨,有决心,也有足够的创新意识。但在随后的开业与持续运营中,就会出现各种各样的问题:有的来自外部,如政策支持不足甚至限制,合伙人退出合作,市场需求减弱等;有的来自创业者自身,如项目测试不充分,资金短缺,开发过程过长以至于延误交付,成本与质量控制失败等。这些问题如果不能有效地解决,就会限制创业公司的发展,甚至导致破产(见图 5-5)。

概括而言,成功创业至少需要以下几方面的条件:创业的热情与创意,持续的跟进与改善,完善的内部管理(人力、财务、运营、绩效、产品或服务质量),优质的市场调查、销售、客户服务及宣传推广。据印度零售业调查,虽然影响创业成败的因

---

① 刘兴国. 2020 中国制造业企业 500 强分析报告[J]. 中国经济报告,2020(6):90,92—105.

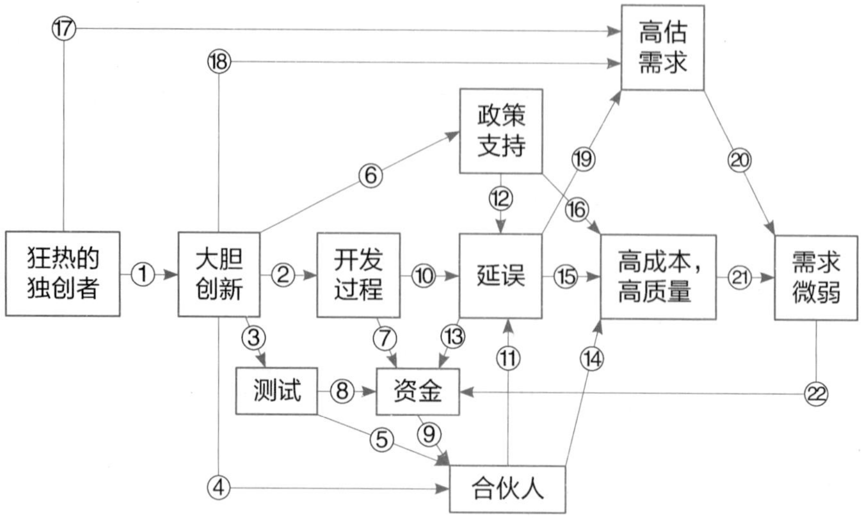

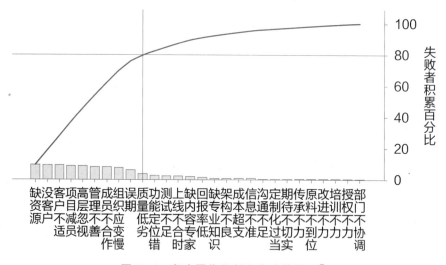

图5-5 企业衰败过程示意图[1]

素比较多，但在这些因素当中，市场与客户、管理协调、产品或服务项目的质量是最主要的因素，决定成败的程度达到80%（见图5-6）。

图5-6 印度零售业创业失败的原因[2]

再从大学生创业的情况来看，多数大学生的创业准备不足，资金、技术、创业项

① Eisenmann T. Why Startups Fail: A New Roadmap for Entrepreneurial Success [M]. New York: Currency, 2021: 243.

② Garg P, Garg A. An empirical study on critical failure factors for enterprise resource planning implementation in Indian retail sector [J]. Business Process Management Journal, 2013, 19(3): 496—514.

目、市场开拓与销售渠道、政策理解与运用都存在缺憾(见图 5 - 7)。

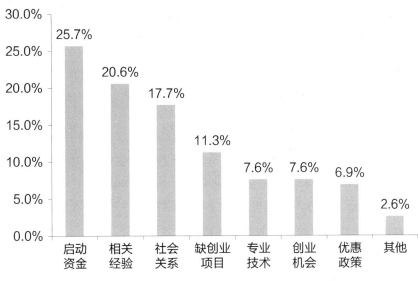

图 5 - 7　大学生创业发展中遇到的最大困难①

二、有备而无患：创业的条件与准备

在变幻莫测的商业世界里,要增加创业的成功率,做必要的准备是需要的。我们可以把创业者的职责概括为四个方面(见表 5 - 3)。

表 5 - 3　创业者要做什么：责任与任务②

技术专长	管理与协调	业务创新	自我管理
• 产品/服务操作 • 获取原材料与补给 • 生产与管理、空间与流程管理 • 鉴别和获取工厂、设施与技术	• 人员管理 • 业务管理 • 市场与销售 • 财务 • 法律与政策 • 解决冲突等高级能力	• 洞察市场供求落差 • 掌控风险 • 理念与战略的定位与展示 • 决策、规划和推进项目 • 决策团网络	• 自我意识 • 担责 • 情绪调节 • 学习与成长

(1) 技术专长。创业者不仅要有宽阔的视野、敏锐的信息敏感性和市场洞察

---

① 邓汉慧. 大学生创业轨迹与创业成长调查研究[M]. 武汉：湖北人民出版社,2014：65.

② Smith W, et al. Entrepreneurial skills assessment：an exploratory study [J]. International Journal of Management and Enterprise Development,2007,4(2).

力,而且必须把这种广阔的视野集中到某一特定领域,做好自己的特色产品或服务项目,要相对专注而稳定,这样才能提升水平,做出精品,获得市场竞争力,成为真正的创业家。也就是说,这种创业者素质结构是类似于 T 字的交叉结构:"—"代表横向的视野,"│"代表在某一领域的纵向的专注度和精深度。

（2）管理与协调。创业是一项复杂的综合工程,不可能由创业者一人完成。因此,创业者不仅需要组建内部工作团队,还要与上游的供应商及下游的客户或代理商沟通与合作。这里涉及对外的市场、销售、采购、公关业务,对内的行政管理、人事管理、财务管理和信息管理,以及内外兼及的法务管理。创业者必须通过组织架构、岗位设置、工作规范与绩效管理等来保证企业的正常运营。

（3）业务创新。只有不断提升业务水平,并根据市场与技术的变化而不断创新,才能在同行的竞争中胜出。创新既包括产品或服务项目的更新,也包括市场销售和管理策略的持续优化。创业者可以通过独立观察、反思和试验,也可以通过调动和发挥内部团队的创造潜能,以及邀请或聘请业界的专家参与决策,聘请咨询顾问出谋划策等方式来实现创新。

（4）自我管理。创业不同于普通职员的工作（主要责任由领导承担）,而是一项以自己为企业的中心、团队的核心的事业。有时创业者或许会遇到不确定的境况,以及风险与挫折,产生一定的压力。在此情况下,创业者必须拥有坚定的信念、饱满的热情、百折不挠的毅力。在过于劳累时,需要放松与调整自己;在遇到难题时,需要自我激励;还要随时观察、分析和改善自己的状况。

三、不同类型创业者的成长路径

概括而言,我国创业者可以划分为四种类型:生计创业型、新手创业型、成果创业型、渐进创业型。这四类创业者学习与成长的空间和方式各不相同（见表 5 - 4）。

表 5 - 4　创业者成长模式

	生计创业型	新手创业型	成果创业型	渐进创业型
典型案例	小商贩、代加工作坊、施工队	大学生创业、新加盟店	专利权人创业	员工辞职后在本行业创业
创业动机	赚钱养家	实现梦想	转化成果	迈上更高台阶

（续表）

	生计创业型	新手创业型	成果创业型	渐进创业型
创业条件	创业者愿意	创业者敢想敢干；高校、政府产业孵化基地或连锁店的扶植	创业者成果的创新水平与商业价值；与商业合伙人合作	创业者积累丰富的专业经验和商业经验；外部创业机会
创新程度	很低	新颖而不成熟	新颖，但有待商业转化	渐进式创新
成长模式	无业/他业—创业—持续	创业动机—创意项目策划—扶植下的试营业—独立创业	研发—合作转化—稳健发展	就业—专业成长—创业转型—发展
发展课题	规范化、专业度、创新性	专业与商务经验	商业经验	创业精神

比较而言，生计创业型是我国小微企业的主体，虽然其管理水平和创新程度都不高，但可以维持千家万户的生活，有助于社会安定。新手创业型值得提倡，但需要学校、政府、行业各界人士提供资金、培训、人力、场地、信息等方面的支持。成果创业型有很大的前景，但需要打通并规范专业与产业之间的路径。渐进创业型最为稳健，但周期比较长。遗憾的是，随着年龄的增长，许多本来怀有创业梦想的人最终放弃了梦想，因此，我们需要培育鼓励创业的政策与文化环境。

四、创业者学习成长的多元策略

优秀的创业者一定是善于学习的人，只有不断地学习、锻炼与反思，才能持续成长，并在复杂多变的商业环境中发展壮大。由于环境的复杂性和创业工作的综合性，学习的方式也不能太单一，最好综合利用各种学习途径与方式，包括：①专业培训，即产品与服务项目方面的以及商业运作方面的培训。创业者通过这种培训不仅可以获取专业性的信息、理论与方法，也可以通过学员之间的交流，获得与同行合作的机会。②媒体资料，即以自己的业务和问题为中心，搜罗、分析相关的图书杂志、专业报告、网络资源等各种资料。③做中学，即在日常工作中善于观察、倾听、讨论，从同事、同行、供应商、客户等群体中获得有价值的信息和经验，发现问题和新的发展方向。④独立思考与尝试。外部的信息与经验只是一种潜在的资源，创业者只有通过自己的思考转化和尝试检验，才有可能取得实际效果。因此，独立思考并通过策划与实践尝试，创造自己的直接经验也非常重要。创业家乔布斯除了广泛学习，还有个闭关静坐冥想的习惯，即在错综纷繁的信息中尽心独立地判断与创造。① 对于新手创业者而言，无论哪种学习方式，都有必要与自己的创业项目结合起来，以免在复杂甚至矛盾的信息中迷失方向。

 行动项目

评估你的创业潜质

行动任务

评估一下自己的创业准备情况，以便有针对性地发展创业精神。

行动步骤

（1）完成下列量表（见表5-5）：按照与自己实际的符合程度，给每句陈述打分（1＝很不符合，5＝很符合，其余类推），并把相应的数字写在项目的前面。

表5-5　创业意向量表

分值	项目
	1. 我擅长组织和实施行动，直到取得成功。
	2. 为了达成目标，我能掌控关键的因素。
	3. 我完全有能力实现我的事业抱负。
	4. 我确信能够发展好我的事业。
	5. 我的事业成功与否主要取决于我自己。
	6. 我经常琢磨可以为市场提供什么更好的产品与服务。
	7. 我喜欢探究市场究竟需要怎样的产品与服务。
	8. 我善于发现商业机会。
	9. 当人们抱怨产品/服务不好时，我会马上意识到商业机会。
	10. 我经常考虑一些产品、服务项目的市场前景。
	11. 我做事很执着。
	12. 对于决定了的事，困难不能阻止我完成它。

① 沃尔特·艾萨克森. 斯蒂夫·乔布斯传[M]. 管延圻，等，译. 北京：中信出版社，2011：51.

（续表）

分值	项　　　目
	13. 当遭遇挫折时，我不会认输，而是加倍努力胜过它。
	14. 我遇到的困难，实际上是在要求我努力再上一个台阶。
	15. 我前进路上的障碍，会刺激我发挥出更大的潜能来克服它。
	16. 我有很多朋友。
	17. 我可以很容易联络人，包括陌生人。
	18. 我善于记住人，即使是很久没见的人也记得。
	19. 我很能把握别人的特点。
	20. 我喜欢主动联系他人。
	21. 对于专业问题，我总能找到独特的解决方案。
	22. 我不喜欢按部就班地重复工作。
	23. 我喜欢不断变换学习与工作的内容和方式。
	24. 我喜欢做出一些新东西。
	25. 我喜欢尝试做一些全新的事。
	26. 我善于把笼统的大目标具体化为可执行的行动任务。
	27. 我的事业目标很清晰。
	28. 我对未来的事业有很具体的计划。
	29. 我总是提前计划好下个月、明年要做的事。
	30. 我计划好的事，实施起来很少因意外失控。
	31. 我会做一些风险大而收益高的投资。
	32. 为了达成更高的目标，我情愿冒风险。
	33. 尝试新事物时，冒险乃至失败都是值得的。
	34. 我愿意冒风险走别人不敢走的路。
	35. 我甘愿做"第一个吃螃蟹"的人，而不管前面有什么困难。
	36. 我经常以高远的见解赢得别人的认同。
	37. 在群龙无首的情况下，我常常会第一个站出来，发挥带头作用。
	38. 我看问题时，往往从大局出发，考虑到大家的共同利益。
	39. 我作为组长、干部的经历比较多。
	40. 我在同伴中比较有威信。

（2）按照计分表的提示，计算一下每一方面的得分。

表 5-6　计分表

	自信心	把握机会	毅力	社会能力	创造力	规划能力	冒险精神	领导力
题号	1—5	6—10	11—15	16—20	21—25	26—30	31—35	36—40
得分								

（3）分析并和同伴交流一下：得分是否合乎实际？为什么？如果合乎实际，接下来可以怎样发挥自身优势，提升弱势？

_____

_____

_____

做一份创业能力发展计划

行动任务

根据本节讨论的创业条件，结合自己的创业潜质评估结果，确定创业发展目标和行动计划。

行动步骤

（1）分析自己的条件与创业要求之间的差距，确定创业发展的目标。

（2）分析各种创业发展的途径与方法，最终选定适合自己的创业发展策略。

（3）按照时间顺序，列出自己的创业发展行动项目。

（4）与同伴讨论自己的创业发展草案，并征询老师与业内人士的意见与建议，然后进一步完善创业发展计划。

第三节
制定创业方案

课前思考　怎样的创业方案才能更好地保证成功创业，并能吸引合作伙伴或投资者？

学习目标　结合自己的创业意向，在充分调研的基础上，完成一份创业计划方案。

活动体验

屡战屡败的"多种经营者"

小熙在市场营销专业毕业后，因没有找到满意的工作，想来想去最终决定创业——贩卖自己最喜欢的运动鞋，于是借了2万元在网上做微商。他通过各种渠道发广告。虽然第一轮广告发出后，有一些熟人买了他的运动鞋，可第二轮后，就没什么人买了，结果没赚多少钱。他觉得做这种微商很难生存。

于是，小熙在一家建材市场找了一份业务员的工作，持续了一年多。在此期间，小熙发现房产市场很"热"，贩卖建材很赚钱，便又产生了创业的想法。但由于建材价格高，还要租用场地，创业成本比较高，而他上次借的钱还没还，资金不够，因此便鼓动同学与他一起合伙做起了建材生意。一开始生意很难做：好像顾客认生似的，只在他店里转来转去却不买，小熙不得不降低价格；因不熟悉供应商而进到了一些劣质货，结果被顾客投诉；没有人脉，缺少与施工队合作的渠道。就这样支撑了两年多，最终也没赚多少钱。小熙仍想坚持下去，认为只要以后熟悉了产品进货、出货的渠道就一定能赚钱。但合伙的同学认为再做下去也未必赚钱，因此不愿意继续经营下去了，建材店不得不关门。之后，小熙去了另一家建材商场做业务员，继续以工资维持生计。

三年后，小熙了解到在东部的大城市，人们越来越注重健身，就又产生了做体育用品生意的创业梦。但是自己已经成了一家之主，不能像过去那么鲁莽，于是决定好好谋划一番。

请思考并与伙伴讨论以下问题：

(1) 小熙前两次创业为什么会失败？

_____

_____

_____

(2) 要减少失败的可能性，还需要哪些条件？

_____

_____

_____

(3) 你对小熙的第三次创业有什么建议？

_____

_____

_____

_____

 生涯智慧

创业规划

一、多一份准备，就多一份胜算

急于创业说明有足够的动力和行动力，但光有热情是不够的，只有经过广泛、细致的准备，后面创业的路才能走得远。

即使是创办一人独资的公司，也是"麻雀虽小，五脏俱全"。它涉及工商管理部门、供应商、客户、家人、同行等方面，以及创业项目的提供、质量控制、资金管理、人员沟通等多项内容。创业过程也要经过策划、登记、选址、准备资金与物资、广告宣传、联络上下游客户、正式运营等一系列环节。创业的结果不仅影响到自己和家人的收入，还会影响到客户、同行及供应商。可以说，无论注册资金是多少，创业都是成本高、影响大的事业。因此，在正式创业之前需要做充分的准备。准备的基本形式就是做系统的创业规划。

二、规划的内容

创业规划的内容比较广泛，但其中最重要的内容是理念、项目、人员、资金、物质、业务运作等方面。具体如下：

- 企业名称、类别，经营理念与策略。
- 明确界定你的经营范围和你要提供的具体的商品或服务项目。
- 调查和统计你的客户需求量及质量要求。
- 调查和分析同行的销售量和服务品质。
- 调查你的供应商及其定价与质量。
- 测算你的生产/服务成本。
- 制订你的市场推广和销售计划。
- 你的物质条件配备计划：场地、设施、工具、材料。
- 员工配置计划。
- 资金计划：注册资金、成本、销售进度与盈利进度。

三、规划的方法

好的创业规划不仅需要花一定的时间与精力，也需要运用适当的方法。最好把以下方法结合起来，以达到优势互补的效果。

（1）现场观察。这是最直观、最真实的方法。有两种具体的操作方式：①自己作为顾客、合作者或员工去供应商、同行或顾客所在地，观察其生产、销售或消费的情况，并结合谈话了解到尽可能全面的信息。②委托合作者以客户、员工等身份去观察、记录具体情况。

（2）个别访问。通过面对面或通信手段对顾客、供应商、同行进行访问，了解其生产、销售或消费的具体情况。

（3）问卷调查。在经过现场观察和个别访问之后，可以设计一份问卷，对更多的人进行批量调查。调查的途径有两种：①在特定时空（如商场、公园、路口）直接请人填答问卷。②通过问卷星之类的网络平台发放问卷。

（4）座谈会。即邀请相关人员，通过集体对话的方式收集相关信息。座谈会既可以用于市场调查，也可以用于企业经营决策。

四、什么是好的创业计划

只有做好创业计划，才能顺利创业，争取到公共基金、投资人的支持。好的创业计划至少表现在以下几方面（见表 5-7）：①针对社会需求。市场需求是企业生存的前提，因此，项目内容要能够填补市场缺口，而且缺口越大越有前景。②与同行相比（如果有同行的话），具有相对优势。这种优势可能表现在产品与服务的质量、附加功能、价格优势（前提是降低成本）或技术含量等方面。③公司配置、组织架构与经营方式合理规范且具体可行。这就需要充分汲取和总结已有的管理和经营经验。④调查数据充分、分析到位。只有调查充分了，方案才有真正的依据，才能切实可行。⑤表达清晰，有逻辑。最好以图文并茂的方式展示调查数据与计划。

表 5-7   创业计划评估表

评价事项	指标	具体内容说明
创业者 （简历）	1. 领导能力	• 经营与发展的理念 • 大局与长远意识 • 团队意识
	2. 创业动机	• 满足社会需求的使命感 • 长期创业的远期愿景 • 对风险和可能失败的乐观态度 • 追求质量与创新的想法
	3. 社会能力	• 宏观的社会与政策洞察力 • 人际沟通与合作能力 • 拓展商业渠道、产业链、同行关系的能力
项目状况 （创业计划）	4. 市场与客户分析	• 市场需求数据的搜集与分析 • 同行的数据与优劣势分析 • 本公司市场定位与所占份额预测
	5. 项目创新性/竞争力	• 对现有产品/服务项目的批评 • 关于本项目的突破性计划，含技术与商业模式等 • 与同行差异化经营的策略
	6. 准备情况	• 经营模式 • 人力、财力、硬件、发展策略的准备情况 • 注册、市场与营销、资源整合、商业合作等准备情况

（续表）

评价事项	指标	具体内容说明
	7. 近期目标与收益预测	• 开办一年后的发展目标定位 • 预测项目未来的经济效益情况
	8. 风险防控	• 是否能预见风险因素 • 是否有防控方法

　　在完善创业计划之后，就可以寻找合伙人或者向有关部门申请创业资金了。自此，创业工作就从酝酿策划阶段过渡到规范管理阶段，人员与业务的管理会成为工作重点。

 行动项目

为自己感兴趣的创业项目撰写一份创业计划书

行动任务

完成一份创业计划书。

行动步骤

（1）经过一步步调研，填写相关内容（可参考本书附录中的创业计划书格式）。

（2）在完成创业计划书的填写后，向同伴或业内人士展示，征询其意见，然后做进一步的修改。

主要参考资源

一、参考书籍

［1］Baur J. The Essential Job Interview Handbook［M］. Ahmedabad：Jaico Publishing House，2013.

［2］Brooks K. You Majored in What：Mapping Your Path from Chaos to Career［M］. New York：A Plume Book，2009.

［3］Brooks K. You Majored in What：Designing Your Path from College to Career［M］. New York：A Plume Book，2017.

［4］Cheese P. The New World of Work：Shaping a Future that Helps People，Organizations and Our Societies to Thrive［M］. London：Kogan Page，2021.

［5］Hoffman R R. The Psychology of Expertise：Cognitive Research and Empirical AI［M］. New York：Springer-Verlag，1992.

［6］International Labour Office. International Standard Classification of Occupations Structure，group definitions and correspondence tables［Z］. International Labour Organization，2012.

［7］Shatkin L. Quick Guide to Career Training in Two Years or Less：Essential Information for Choosing Training，Education，and Careers［M］. Indianapolis：Jist Publishing，2004.

［8］Maitland A，P Thomson，Future Work：Changing Organizational Culture for the New World of Work［M］. London：Palgrave Macmillan，2014.

［9］Pierson O. The Unwritten Rules of the Highly Effective Job Search：The Proven Program Used by the Worlds Leading Career Services Company［M］. New York：McGraw-Hill，2005.

［10］Schawbel D，M Buckingham. Promote Yourself：The New Rules for Career Success［M］. New York：St. Martin's Press，2013.

［11］Selinger F. The Missing Link：From College to Career and Beyond［M］. New York：Pearson Education，2018.

［12］Sternberg R J，E L Grigorenko. The Psychology of Abilities，Competencies，and Expertise［M］. Cambridge：Cambridge University Press，2003.

［13］Templar R. The Rules of Work：A Definitive Code for Personal Success［M］. New York：Pearson Education，2010.

［14］R.J.斯腾伯格.成功智力［M］.吴国宏，钱文，译.上海：华东师范大学出版社，1999.

［15］埃德加·沙因.新职业锚：职位和工作角色的战略新规划［M］.王斌，马红宇，译.北京：中国人民大学出版社，2015.

［16］Ayse Birsel.设计你所喜爱的人生［M］.张凌燕，译.北京：电子工业出版社，2017.

［17］安德斯·艾利克森，罗伯特·普尔.刻意练习：如何从新手到大师［M］.王正林，译.北京：机械工业出版社，2016.

［18］比尔·博内特，戴夫·伊万斯.斯坦福大学人生设计课［M］.周芳芳，译.北京：中信出版社，2017.

［19］查尔斯·汉迪.非理性的时代［M］.方海萍，等，译.杭州：浙江人民出版社，2012.

［20］戴维·伯恩斯坦.如何改变世界：社会企业家与新思想的威力［M］.吴士宏，译，北京：新星出版社，2006.

［21］稻盛和夫.人为什么活着［M］.蔡越先，译.北京：东方出版社，2018.

［22］付岩.社群思维：精神商业时代的创新创业法［M］.北京：中信出版社，2017.

［23］国际劳工组织.创办你的企业：创业意识培训册［M］.北京：中国劳动社会保障出版社，2003.

［24］国际劳工组织.扩大你的企业［M］.北京：中国劳动社会保障出版社，2007.

［25］国家教育委员会教育规划办公室.职业岗位分类词典［M］.北京：高等教育出版社，1988.

［26］国家职业分类大典修订工作委员会.中华人民共和国职业分类大典［M］.北京：中国劳动社会保障出版社，2015.

［27］霍华德·加德纳.多元智能［M］.北京：新华出版社，1993.

［28］卡尔·纽波特.深度工作：如何有效使用每一点脑力［M］.宋伟，译.南昌：江西人民出版社，2017.

［29］卡罗尔·德韦克.终身成长：重新定义成功的思维模式［M］.楚祎楠，译.南昌：江西人民出版社，2017.

［30］纳西姆·尼古拉斯·塔勒布.反脆弱：从不确定性中获益［M］.雨珂，译.北京：中信出版社,2014.

［31］帕特里克·J.麦金尼斯.10% 创业家［M］.李文远，译.广州：广东人民出版社,2017.

［32］施恩.职业的有效管理［M］.仇海清，译.北京：生活·读书·新知三联书店,1992.

［33］斯宾塞·约翰逊.谁动了我的奶酪［M］.魏平，译.北京：中信出版社,2010.

［34］苏西·博斯,简·克劳斯.PBL 项目制学习［M］.来赟，译.北京：中国纺织出版社,2020.

［35］提摩西·巴特勒,詹姆士·沃德鲁普.哈佛职业生涯设计［M］.赵剑非，译.北京：中国商业出版社,2004.

［36］吴晓波.激荡十年，水大鱼大：中国企业 2008—2018［M］.北京：中信出版社,2018.

［37］谢丽尔·桑德伯格,尼尔·斯科维尔.向前一步：女性、工作及领导意志［M］.颜筝，译.北京：中信出版社,2013.

［38］约翰·布德罗,瑞文·杰苏萨森,大卫·克里尔曼.未来的工作：传统雇用时代的终结［M］.毕崇毅,康至军,译.北京：机械工业出版社,2018.

［39］詹姆斯·C.斯科特.六论自发性：自主、尊严，以及有意义的工作和游戏［M］.北京：社会科学文献出版社,2019.

［40］张健.中华人民共和国国家职业标准实施手册［M］.北京：中国致公出版社,2004.

［41］张晋芬.劳动社会学［M］.台北：政大出版社,2013.

［42］钟敏,青少年生涯教育的 33 个关键词［M］.重庆：重庆大学出版社,2018.

［43］邹晓东.打造第四代工程师：工程领导力及创业能力开发［M］.杭州：浙江大学出版社,2014.

二、媒体资源

书刊网站：https://zh.singlelogin.org。

文档搜索引擎：https://www.jiumodiary.com。

职业信息网站：https://www.onetonline.org。

电视节目：《我爱发明》《职来职往》《天生我才》。

附　录

创业计划书[①]

企业名称　＿＿＿＿＿＿＿＿＿＿＿＿

创业者姓名　＿＿＿＿＿＿＿＿＿＿＿＿

日　　期　＿＿＿＿＿＿＿＿＿＿＿＿

通信地址　＿＿＿＿＿＿＿＿＿＿＿＿

邮政编码　＿＿＿＿＿＿＿＿＿＿＿＿

电　　话　＿＿＿＿＿＿＿＿＿＿＿＿

微　　信　＿＿＿＿＿＿＿＿＿＿＿＿

电子邮箱　＿＿＿＿＿＿＿＿＿＿＿＿

---

① 国际劳工组织. 创办你的企业·创业计划书[M]. 北京：中国劳动社会保障出版社，2003.

目　录

一、企业概况 ·· iii

二、创业者的个人情况 ·· iii

三、市场评估 ·· iii

四、市场营销计划 ·· v

五、企业组织结构 ·· vi

六、固定资产 ·· viii

七、流动资金（月） ·· ix

八、销售收入预测（12个月） ································ xi

九、销售和成本计划 ·· xii

十、现金流量计划 ·· xiii

一、企业概况

（1）企业概述（创业项目的选择理由、主要经营范围、主要产品或服务、目标及潜在顾客、发展前景、企业宗旨或经营理念或企业文化等）：

_____

_____

_____

_____

_____

_____

（2）企业类型：

□生产制造　　　□零售　　　□批发　　　□服务　　　□农业

□新型产品　　　□传统产业　　□其他

二、创业者的个人情况

（1）以往的工作与创业经验：

_____

_____

_____

_____

（2）所学专业与课程（包括时间）：

_____

_____

_____

三、市场评估

（1）目标顾客及其对产品或服务项目的数量与质量要求：

_____

_____

_____

_____

_____

（2）市场总容量以及本企业对市场的占有率：

_____

_____

_____

_____

（3）未来市场容量的变化趋势：

_____

_____

_____

_____

（4）SWOT 分析：

本企业的	优势	劣势
1.		1.
2.		2.
3.		3.
4.		4.
5.		5.

外部的	机会	威胁
1.		1.
2.		2.

3.	3.
4.	4.
5.	5.

四、市场营销计划

1. 产品

产品或服务	主要特色
1.	
2.	
3.	
4.	
5.	

2. 价格(元)

产品或服务	成本价	销售价	竞争对手的价格
1.			
2.			
3.			
4.			
5.			

折扣销售	
赊账销售	

3. 地点

（1）地址细节：

地址	面积(平方米)	租金或装修成本(元)

（2）选择该地址的主要原因：

_____

_____

_____

（3）销售方式（选择一项并在其前面的□内画"√"）：

将产品（服务）销售或提供给：□最终消费者　□零售商　□批发商

（4）选择该销售方式的原因：

_____

_____

_____

4. 促销

人员推销		成本预测	
广告		成本预测	
渠道销售		成本预测	
营业推广		成本预测	

五、企业组织结构

（1）企业将登记注册成：

□个体工商户　　　　　　□有限责任公司

□个人独资企业　　　　　□其他

□合伙企业

（2）拟议的企业名称：

（3）企业组织结构图：

（4）员工工作描述书（包括工作岗位说明、部门管理规范等，可另附页）：

职务 月薪

业主或经理：_____　_____

员工：_____

1._____　_____

2._____　_____

3._____　_____

4._____　_____

（5）企业将获得的营业执照、许可证：

类型 预计费用

_____　_____

_____　_____

_____　_____

（6）企业的法律责任（保险、员工的薪酬、纳税）：

种类　　　　　　　　　　　　　预计费用

_____　　　_____

_____　　　_____

_____　　　_____

（7）合伙（合作）人与合伙（合作）协议（如果没有合伙人，可不填）

条款　　内容　　合伙人				
出资方式				
出资数额与期限				
利润分配和亏损分摊				
经营分工、权限和责任				
合伙人个人应负的责任				
协议变更和终止				
其他条款				

六、固定资产

（1）工具和设备。根据预测的销售量，在假设达到 100％ 生产能力的情况下，企业需要购买以下设备：

名称	数量	单价(元)	总费用(元)
1.			
2.			
3.			
4.			
5.			

供应商名称	地址	电话或传真
1.		
2.		
3.		

（2）办公室需要以下设备：

名称	数量	单价(元)	总费用(元)

供应商名称	地址	电话或传真

七、流动资金(月)

（1）原材料和包装：

项目	数量	单价(元)	总费用(元)

供应商名称	地址	电话或传真

（2）其他经营费用(不包括折旧费和贷款利息)：

项目	费用(元)	备注

八、销售收入预测(12 个月)

商品/服务内容	销售情况＼月份	1	2	3	4	5	6	7	8	9	10	11	12	合计
(1)	销售数量													
	平均单价													
	月销售额													
(2)	销售数量													
	平均单价													
	月销售额													
(3)	销售数量													
	平均单价													
	月销售额													
(4)	销售数量													
	平均单价													
	月销售额													
(5)	销售数量													
	平均单价													
	月销售额													
(6)	销售数量													
	平均单价													
	月销售额													
(7)	销售数量													
	平均单价													
	月销售额													
(8)	销售数量													
	平均单价													
	月销售额													
合计	销售总量													
	销售总收入													

九、销售和成本计划

金额 \ 月份		1	2	3	4	5	6	7	8	9	10	11	12	合计
销售	含税销售收入													
	增值税													
	销售净收入													
成本	原材料 合计													
	原材料 (1)													
	原材料 (2)													
	原材料 (3)													
	业主工资													
	员工工资													
	租金													
	营销费用													
	公用事业费													
	维修费													
	折旧费													
	贷款利息													
	保险费													
	登记注册费													
	总成本													
利润														
个人所得税														
其他														
净收入(税后)														

十、现金流量计划

金额＼月份		1	2	3	4	5	6	7	8	9	10	11	12	合计
现金流入	月初现金													
	现金销售收入													
	赊销收入													
	贷款													
	其他现金流入													
	可支配现金(A)													
现金流出	采购支出 现金合计													
	采购支出 (1)													
	采购支出 (2)													
	采购支出 (3)													
	采购支出 赊购													
	赊购支出													
	业主工资													
	员工工资													
	租金													
	营销费用													
	公用事业费													
	维修费													
	贷款利息													
	偿还贷款本金													
	保险费													
	登记注册费													
	设备													
	其他(列出项目)													
	税金													
	现金总支出(B)													
月底现金(A－B)